독자의 **1초**를 아껴주는 정성!

—

세상이 아무리 바쁘게 돌아가더라도

책까지 아무렇게나 빨리 만들 수는 없습니다.

인스턴트 식품 같은 책보다는

오래 익힌 술이나 장맛이 밴 책을 만들고 싶습니다.

길벗이지톡은 독자여러분이 우리를 믿는다고 할 때 가장 행복합니다.

나를 아껴주는 어학도서, 길벗이지톡의 책을 만나보십시오.

독자의 1초를 아껴주는 정성을 만나보십시오.

미리 책을 읽고 따라해본 2만 베타테스터 여러분과 무따기 체험단, 길벗스쿨 엄마 2% 기획단,

시나공 평가단, 토익 배틀, 대학생 기자단까지!

믿을 수 있는 책을 함께 만들어주신 독자 여러분께 감사드립니다.

(주)도서출판 길벗 www.gilbut.co.kr

길벗 이지톡 www.gilbut.co.kr

길벗 스쿨 www.gilbutschool.co.kr

maru(마루) 지음

네이티브는 쉬운 일본어로 말한다 – 직장인 편
The Native Japanese Speaks Easily - for office workers

초판 발행 · 2022년 5월 1일

지은이 · maru(마루)
발행인 · 이종원
발행처 · (주)도서출판 길벗
브랜드 · 길벗이지톡
출판사 등록일 · 1990년 12월 24일
주소 · 서울시 마포구 월드컵로 10길 56(서교동)
대표 전화 · 02)332-0931 | **팩스** · 02)323-0586
홈페이지 · www.gilbut.co.kr | **이메일** · eztok@gilbut.co.kr

기획 및 책임 편집 · 오윤희(tahiti01@gilbut.co.kr) | **표지 디자인** · 황애라 | **제작** · 이준호, 손일순, 이진혁
마케팅 · 이수미, 장봉석, 최소영 | **영업관리** · 심선숙 | **독자지원** · 윤정아

편집진행 및 교정 · 김진아 | **원어민 감수** · 山口雄飛, 尾崎達治 | **본문 디자인** · 박수연 | **전산편집** · 황미연
오디오 녹음 및 편집 · 와이알미디어 | **CTP 출력 및 인쇄** · 북솔루션 | **제본** · 북솔루션

ISBN 979-11-6521-932-1 03730
(길벗 도서번호 301119)

정가 17,000**원**

머리말

회사에서 자주 쓰는 일상 표현부터 업무, 비즈니스, 면접, 접객 표현까지! 직장인, 취준생을 위한 네이티브 일본어!

일본어나 일본 문화에 대한 단순한 관심을 넘어 일본 유학, 취업 등을 염두에 둔 일본어의 수요가 계속 늘어나고 있습니다. 일본어는 공과 사의 구별이 매우 복잡하게 얽혀 있으며, 시중에 판매되는 교재에 실린 표현만으로는 실제 회사 생활에서 한계가 있다는 것을 일본에서의 직장 생활을 통해 깨달았습니다.
단순한 예로, 거래처와의 미팅이나 고객 응대와 같이 반드시 격식을 차린 경어나 비즈니스 일본어를 사용해야만 하는 경우가 있는 반면, 어느 정도 친해진 직장 상사나 동료와 사담을 나눌 때와 같이 꼭 격식을 차리지 않아도 되는 경우도 있습니다.
이렇듯 일본 취업을 희망하는 학습자들은 비즈니스 일본어와 생활 일본어를 아울러 알아두어야 할 필요가 있습니다.

《네이티브는 쉬운 일본어로 말한다 –직장인 편》은 직장 생활에서 자주 사용되는 생활 일본어 표현부터 비즈니스 일본어, 면접 일본어, 접객 일본어 표현으로 구성되어 있습니다. Part1~4에서는 직장에서 동료와, 상사와, 거래처와 매일 쓰는 활용도 높은 문장들을 엄선하였고, Part5~6에서는 면접 상황, 서비스직 접객 상황에서 쓸 수 있는 표현을 실었습니다. 현지에서 회사 생활을 시작한 직장인, 일본어를 공부하는 직장인뿐만 아니라 워홀, 현지 취업, 일본계 회사를 희망하는 취준생들도 폭넓게 활용이 가능합니다.

상황에 따라, 대화하는 상대에 따라 달라지는 직장인 일본어의 참맛을 느껴 보세요. 필자가 일본 현지에서 직장 생활을 하며 귀로 익힌 표현과 면접에 꼭 필요한 문장을 선별하여 이 책에 모두 담았습니다. 또한 우리말 표현을 보며 어떻게 일본어로 표현할지 연습해 보는 과정을 통해 일대일 대응식 사고에서 벗어나 진짜 네이티브식 표현법을 익힐 수 있습니다.

일본 취업을 준비하는 학습자는 물론, 일본에서 직장 생활을 하고 있는 학습자에게 이 책이 조금이나마 도움이 되었으면 하는 바람입니다.
끝으로 교재 집필에 도움을 주신 山口雄飛 님께 감사의 인사를 드립니다.

마루 드림

이 책의 구성

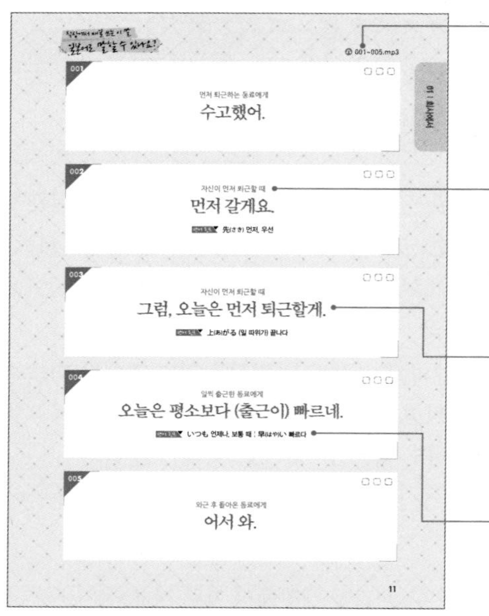

mp3 파일

해당 페이지를 공부할 수 있는 mp3 파일입니다. 우리말 해석과 일본어 문장을 모두 녹음하고, 원어민 남녀 성우가 각각 한 번씩 읽었습니다.

상황 설명

어떤 상황에서 주로 활용할 수 있는 표현인지 간단하게 설명했습니다. 상황을 떠올리며 일본어로 어떻게 말해야 할지 생각해 보세요.

우리말 표현

한 페이지에 5개의 우리말 문장을 넣었습니다. 우리말을 보고 상황 설명과 단어 힌트를 참고하여 일본어로 어떻게 표현하면 좋을지 생각해 보세요.

단어 힌트

우리말 문장을 일본어로 어떻게 표현해야 할지 감이 오지 않는다면 단어 힌트를 참고하여 문장을 만들어 보세요.

001 お疲れ様。

002 お先です。

003 じゃあ、今日は先に上がるね。

004 今日はいつもより早いね。

005 お帰り。

12

체크 박스

우리말 문장을 보면서 일본어 표현이 떠오르지 않거나, 일본어 표현을 봐도 우리말 뜻이 생각나지 않을 때 체크하세요. 복습할 때 체크한 문장 위주로 학습합니다.

일본어 문장

우리말 표현 바로 뒤 페이지에 일본어 표현을 넣었습니다. 일본인이 자주 쓰는 표현 중에서 초중급자에게도 어렵지 않은 단어로 된 문장만 뽑았습니다.

표현 설명

일본어 표현을 활용하는 데 도움이 되는 뉘앙스, 문법, 단어 설명, 추가 표현 등을 간단히 정리했습니다. Part5에서는 주제에 맞춰 면접 스킬, 대답 팁 위주로 설명하였습니다.

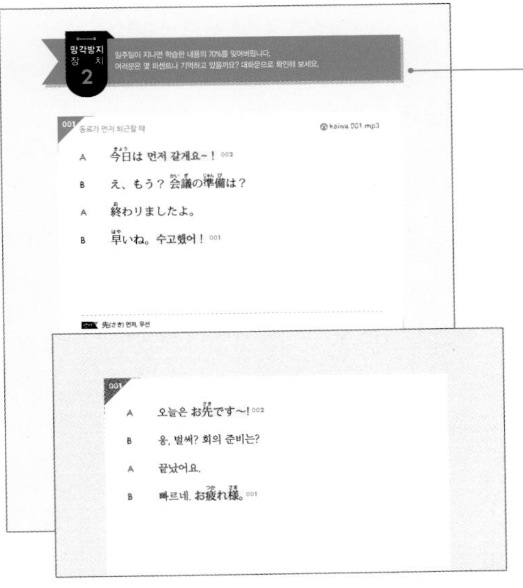

확인학습 **망각방지장치 ❶**

표현 50개마다 문장을 복습할 수 있는 연습문제를 넣었습니다. 빈칸에 알맞은 말을 넣어 5초 이내에 문장을 말해 보세요. 틀린 문장은 오른쪽 표현 번호를 참고해, 그 표현이 나온 페이지로 돌아가서 다시 한번 확인하고 넘어 가세요.

확인학습 **망각방지장치 ❷**

책에 나오는 문장들이 실생활에서 정말 쓰이는 표현인지 궁금하다고요? 표현 100개를 배울 때마다, 표현을 활용할 수 있는 대화문 10개를 넣었습니다. 대화 상황 속에서 우리말 부분을 일본어로 바꿔 말해 보세요. 뒤 페이지에서 정답과 해석을 바로바로 확인할 수 있습니다.

mp3 파일 활용법

책에 수록된 모든 문장은 일본인 베테랑 성우의 목소리로 직접 녹음했습니다. 오디오만 들어도 이 책의 모든 문장을 외울 수 있도록, 일본어 문장뿐 아니라 우리말 해석까지 녹음했습니다. 한 페이지에 나오는 5개의 문장을 하나의 mp3 파일로 묶어, 모르는 부분을 쉽게 찾아 들을 수 있습니다. 일본어 문장이 입에 착! 붙을 때까지 여러 번 듣고 따라 하세요. mp3 파일은 각 Part가 시작하는 도입부의 QR코드를 스캔해 스마트폰에서 바로 들을 수 있습니다. 또한 길벗 홈페이지(www.gilbut.co.kr)에서 도서명을 검색하면 다운로드 및 바로 듣기가 가능합니다.

1단계 **그냥 들으세요!** 우리말 해석 → 일본어 문장 2회 (남/여)

2단계 **일본어로 말해 보세요!** 우리말 해석 → 답하는 시간 → 일본어 문장 1회

하루 5분, 5문장 일본어 습관을 만드세요!

부담 없이 하루에 5문장 정도만 읽어 보세요. 매일매일의 습관이 일본어 실력을 만듭니다!

1단계 출근길 1분 30초 **우리말 표현을 보고 일본어로 어떻게 말할지 생각해 보세요.**

한 페이지에 5문장의 표현이 정리되어 있습니다. 문장 아래 단어 힌트를 참고하여, 일본어로 문장을 만들어 보세요. 다음 페이지에서 일본어 정답을 확인하고, 맞히지 못했다면 오른쪽 상단 체크 박스에 표시한 후 다음 문장으로 넘어 가세요.

2단계 이동 시 짬짬이 2분 **mp3 파일을 들으며 따라 해 보세요.**

mp3 파일에 녹음된 원어민 성우의 음성을 듣고 소리 내어 따라 해 봅니다. 표현을 쓸 상황을 상상하며 감정을 살려 연습하면, 실제 상황에서도 자신 있게 말할 수 있습니다.

3단계 퇴근길 1분 30초 **체크된 표현을 중심으로 한 번 더 확인하세요.**

미리 체크해 놓은 문장을 중심으로 앞 페이지에서는 우리말 표현을 보고 일본어 문장을 말해 보고, 뒤 페이지에서는 일본어 문장을 보고 우리말 해석을 떠올려 봅니다. 바로바로 말할 수 있다면 성공입니다!

망각방지 복습법

매일매일 일본어 습관을 들이는 것과 함께 꼭 신경 써야 할 한 가지가 있습니다. 인간은 망각의 동물! 채워 넣을 것이 수없이 많은 복잡한 머릿속에서 입에 익숙지 않은 일본어 문장은 1순위로 빠져나가겠지요. 그러니 자신 있게 외웠다고 넘어간 표현들도 하루만 지나면 절반 이상 잊어버립니다.

1단계 **망각방지장치 ❶**

10일에 한 번씩, 50문장을 공부한 후 복습에 들어갑니다. 통문장을 외워서 말해야 한다는 부담 없이, 핵심 키워드만 비워 놓아 가볍게 기억을 떠올려 볼 수 있습니다. 문장을 완성하지 못했다면, 체크하고 다시 앞으로 돌아가 한 번 더 복습합니다.

2단계 **망각방지장치 ❷**

20일에 한 번씩, 100문장을 복습할 수 있도록 10개의 대화문을 넣었습니다. 우리말 해석 부분을 일본어 표현으로 바꿔 말해 보세요. 네이티브들이 쓰는 생생한 대화로 복습하면, 앞에서 배운 문장을 실제로 어떻게 써먹을 수 있는지 감이 확실히 잡힐 거예요.

QR코드 활용법

1 스마트폰 카메라를 켜고 QR코드에 갖다 대면 아래에 창이 뜹니다.

2 창을 터치하면 Part별 원어민 음성을 듣거나 저자 영상 강의를 볼 수 있는 유튜브 재생목록이 나옵니다.

3 저자 영상 강의는 Part별 베스트 표현을 선정하여 저자의 경험담과 함께 풀어냈습니다.

4 원어민 mp3 파일은 Part별로 원어민 음성을 한 번에 듣거나 구간별로 들을 수 있습니다.

일러두기

1. 기존 네이티브 시리즈와는 달리, 우리말 표현을 앞장에 배치하고 해당하는 일본어 표현을 뒷장에 배치하였습니다. 일본어로 어떻게 말하면 좋을지 생각해 보고 스스로 문장을 만들어 보는 연습을 통해 네이티브 일본어 표현 방식을 체득할 수 있도록 설계했습니다.

2. 망각방지장치2의 대화문 속 표현은 본문에서 다루는 표현에서 일부 변형이 된 문장도 있습니다. 대화의 흐름에 맞게 자연스럽게 응용한 표현이니 본문 속 표현과 비교해 가며 익혀 두시면 도움이 됩니다.

3. [Part5 취업/면접 상황에서 주고받는 질문/답변 표현 100]에서는 파트의 특성에 맞춰 '면접 스킬, 대답 팁' 위주로 설명을 정리하였습니다. 또한 망각방지장치2의 대화문도 질문과 대답 형식으로 구성하였습니다. 일본 취업을 염두에 두고 있다면 저자의 면접 노하우와 대답 스킬을 놓치지 마세요!

차례

Part
1

직장인이 친한 동료 / 후배와 말할 때 쓰는 **일상 표현 100**

Part 1 전체 듣기
& 영상 강의

네이티브가 직장에서 친한 동료나 후배와 말할 때 사용하는 표현들 중에서도 활용 빈도가 가장 높고 바로 써먹을 수 있는 표현들만 엄선하여 모았습니다. 동료들끼리 가볍게 주고받을 수 있는 인사부터 회사 외부에서, 식사 관련, 업무 관련, 업무 외 관련 표현까지 다양하게 담았습니다.

001~005.mp3

001 ▢▢▢

먼저 퇴근하는 동료에게

수고했어.

002 ▢▢▢

자신이 먼저 퇴근할 때

먼저 갈게요.

단어 힌트▼ 先(さき) 먼저, 우선

003 ▢▢▢

자신이 먼저 퇴근할 때

그럼, 오늘은 먼저 퇴근할게.

단어 힌트▼ 上(あ)がる (일 따위가) 끝나다

004 ▢▢▢

일찍 출근한 동료에게

오늘은 평소보다 (출근이) 빠르네.

단어 힌트▼ いつも 언제나, 보통 때 | 早(はや)い 빠르다

005 ▢▢▢

외근 후 돌아온 동료에게

어서 와.

내가 생각한 문장과 비교해 보고
네이티브 표현을 그대로 흡수해 보세요!

001 □ □ □

お疲(つか)れ様(さま)。

お疲(つか)れ様(さま)는 퇴근할 때 사용하는 가장 일반적인 인사말이며,
존댓말로 말할 때는 お疲(つか)れ様(さま)です라고 합니다.

002 □ □ □

お先(さき)です。

お先(さき)는 '먼저'라는 뜻으로, 반말로 말할 때는 お先(さき)に失礼(しつれい)(먼저 실례할게)라고 합니다.

003 □ □ □

じゃあ、今日(きょう)は先(さき)に上(あ)がるね。

업무에 있어서 上(あ)がる는 '일이 끝나고 퇴근하다'라는 뜻입니다.

004 □ □ □

今日(きょう)はいつもより早(はや)いね。

いつもより는 '평소보다'라는 뜻입니다. 비슷한 의미로 普段(ふだん)より가 있습니다.

005 □ □ □

お帰(かえ)り。

お帰(かえ)り는 집뿐만 아니라 회사에 돌아온 동료에게도 쓰는 인사말입니다.

006~010.mp3

006

동료의 능력을 칭찬할 때

역시 대단하네.

단어 힌트 さすが 과연, (자타가 공인할 정도의) 대단한

007

열심히 한 동료를 칭찬할 때

하니까 되잖아!

단어 힌트 できる 할 수 있다

008

동료의 의지를 북돋아 줄 때

그 정돈 할 수 있잖아!

단어 힌트 ～ぐらい 정도, 만큼

009

지쳐 보이는 동료를 위로할 때

무슨 일 있으면 언제든지 말해.

단어 힌트 いつでも 언제든지

010

심각하게 고민 중인 동료를 위로할 때

진지하게 생각하지 말라니까.

단어 힌트 本気(ほんき)にする 정말이라고 믿다, 곧이듣다

006

☐☐☐

さすがだね。

さすが는 자타가 공인할 정도로 대단한 사람 또는 그러한 일에 대한 감탄사적인 표현으로 사용됩니다.

007

☐☐☐

やればできるじゃん！

~じゃん은 '~잖아'란 뜻으로, 문장 끝에서 자신의 의견을 강조할 때 사용하는 표현입니다.

008

☐☐☐

それぐらいできるでしょう！

'정도'를 뜻하는 くらい(位)는 ぐらい로 읽기도 합니다.

009

何(なに)かあったらいつでも言(い)ってね。

いつでも言(い)ってね는 '언제든지 말해'란 뜻으로, 주로 남을 도와주고자 할 때 쓰는 표현입니다.

010

本気(ほんき)にするなって。

本気(ほんき)にする는 '진지하게 생각하다, 진지하게 받아들이다'라는 뜻입니다.

011~015.mp3

011

야근하는 동료에게

야근 힘내.

단어 힌트 残業(ざんぎょう) 잔업, 야근 | 頑張(がんば)る 노력하다

012

급한 일이 아니라고 할 때

그렇게 서두르지 않아도 되니까.

단어 힌트 急(いそ)ぐ 서두르다

013

시간이 괜찮은지 물을 때

지금 잠시 괜찮아?

단어 힌트 ちょっと 잠시, 잠깐, 조금

014

동료에게 손님 대응을 부탁할 때

지금부터 외근이니까 손님 대응 부탁할게.

단어 힌트 外回(そとまわ)り 외근, 바깥쪽의 길을 따라 돎 | お客(きゃく)さん 손님

015

음료를 내어 달라고 부탁할 때

지금 잠시 차 좀 내어줄 수 있어?

단어 힌트 お茶出(ちゃだ)し (주로 손님에게) 차를 내옴

내가 생각한 문장과 비교해 보고
네이티브 표현을 그대로 흡수해 보세요!

011

残業頑張って。

한국어의 '야근'에 해당하는 단어는 残業입니다.
夜勤(야근)은 夜間勤務(야간 근무, 야간 업무)를 의미합니다.

012

そんなに急がなくてもいいから。

そんなに~(し)なくてもいい는 '그렇게까지 ~(하)지 않아도 돼'라는 표현입니다.

013

今ちょっといい？

비슷한 표현으로 今、時間大丈夫？(지금 시간 괜찮아?)로 말할 수 있어요.

014

これから外回りだから、お客さんの対応頼むね。

비즈니스에서 外回り는 주로 영업직의 '외근'을 뜻합니다.

015

今ちょっとお茶出しお願いしていい？

お茶出し는 회의실 등에 차를 내오는 행위를 말합니다.

016~020.mp3

016

본인의 손님이 방문할 예정이라고 알릴 때

나도 3시부터 손님이 방문해.

단어 힌트▼ 来客(らいきゃく) 내객

017

동료의 근태 상황을 알려줄 때

가와모토 씨는 오늘 원격근무래.

단어 힌트▼ リモート 원격근무 | ~って (인용 표현) ~라고 해

018

도와준 것에 대해 감사를 표현할 때

덕분에 살았어.

단어 힌트▼ おかげ 덕택, 덕분 | 助(たす)かる 살아나다, 도움이 되다

019

협력에 대해 감사를 표현할 때

협력해 줘서 고마워!

단어 힌트▼ 協力(きょうりょく) 협력

020

가벼운 감사를 표현할 때

땡큐!

내가 생각한 문장과 비교해 보고
네이티브 표현을 그대로 흡수해 보세요!

016

私も３時から来客なんだ。
(わたし / さんじ / らいきゃく)

来客(らいきゃく)는 자신의 회사에 손님이 방문하는 행위를 말합니다.

017

川本さんは今日リモートだって。
(かわもと / きょう)

リモート는 リモートワーク(remote work)의 준말로 '원격근무' 즉, '재택근무'를 뜻합니다.

018

おかげで助かった。
(たす)

助(たす)かる는 '살아나다' 외에 '도움이 되다'라는 뜻으로도 사용됩니다.

019

協力してくれてありがとう！
(きょうりょく)

～してくれる는 '(남이 나에게) ～해 주다'라는 뜻입니다.

'(내가 남에게) ～해 주다'는 ～してあげる라고 합니다.

020

サンキュー！

'Thank you'의 일본식 발음은 サンキュー가 됩니다.

021~025.mp3

021

모노레일로 가자고 제안할 때

3시 모노레일로 갈까?

단어 힌트 モノレール 모노레일

022

다른 교통수단을 제안할 때

지금 지연되고 있으니까 JR로 가자.

단어 힌트 遅延(ちえん) 지연

023

명함을 챙기도록 리마인드할 때

명함 잊지 마.

단어 힌트 名刺(めいし) 명함

024

명함이 떨어진 것을 알릴 때

지난번 총회에서 명함을 다 써버렸어.

단어 힌트 総会(そうかい) 총회 | 切(き)らす 다 없애다, 다 쓰다

025

상대의 부주의를 나무랄 때

아무리 그래도 그건 아니잖아.

단어 힌트 さすがに 아무리 그래도 (인정하기 힘듦을 표현하는 말투)

내가 생각한 문장과 비교해 보고
네이티브 표현을 그대로 흡수해 보세요!

021

3時のモノレールで行こうか。

モノレール는 '모노레일'을 뜻하며, 일본에서 흔히 볼 수 있는 교통수단입니다.

022

今遅延してるから、JRにしよう。

遅延은 전철을 포함한 교통수단이 늦어지는 것을 뜻합니다.

023

名刺忘れないでね。

忘れる는 기억, 물건, 행위 등 포괄적인 의미에서의 '잊다'를 뜻합니다.

024

この間の総会で名刺切らしちゃった。

名刺を切らす는 '명함을 다 쓰다'라는 뜻입니다.

025

さすがにそれはないでしょう。

さすがに~はない는 '아무리 그래도 ~는 아니지'란 뜻으로 사용됩니다.

026~030.mp3

026

담당자의 인상에 대해 동료에게 물을 때

새로 담당된 사람, 어떤 것 같아?

단어 힌트 担当(たんとう) 담당 | どう 어떻게, 아무리 | 思(おも)う 생각하다

027

깐깐해 보이는 사람일 때

뭔가 깐깐해 보여.

단어 힌트 細(こま)かい 미세하다, 세심하다, 깐깐하다

028

사무실 복귀 여부를 물을 때

사무실에 복귀할 거야?

단어 힌트 オフィス 오피스, 사무실 | 戻(もど)る 되돌아가(오)다

029

사무실에 들르지 않고 바로 퇴근할 때

아니, 오늘은 바로 퇴근하려고.

단어 힌트 直帰(ちょっき) 바로 퇴근함

030

사무실에 복귀할 때

내일도 현지로 바로 출근이니까, 오늘은 복귀해야지.

단어 힌트 直行(ちょっこう) 바로 출근함

026

新しく担当になった人、どう思う？

どう思う？는 '어떻게 생각해?'란 뜻으로, 상대의 의견을 묻는 가장 보편적인 질문 표현입니다.

027

なんか細かそう。

細かい는 '미세하다'라는 뜻 외에도 약간의 부정적인 뉘앙스가 가미된 '깐깐하다'라는 뜻으로도 사용됩니다.

028

オフィスに戻るの？

帰る는 집, 고향 등의 본디 있어야 할 곳으로의 '복귀',
戻る는 사무실, 학교 등으로의 일시적인 '복귀'를 뜻합니다.

029

いや、今日は直帰しようかと。

直帰는 사무실에 들르지 않고 바로 집으로 돌아가는 것을 의미합니다.

030

明日も直行だから、今日は戻るよ。

直行는 사무실에 들르지 않고 바로 현장으로 출근하는 것을 의미합니다.

031~035.mp3

031

경비 처리 여부를 물을 때

택시비도 경비 처리할 수 있어?

단어 힌트 ～代(だい) ～값 | 経費(けいひ) 경비

032

상한액이 있음을 알릴 때

아마 상한이 있을 거야.

단어 힌트 上限(じょうげん) 상한

033

거래처의 방문 여부를 확인할 때

이번 방문처, 처음 가는 회사지?

단어 힌트 訪問先(ほうもんさき) 방문처 | 初(はじ)めて 처음, 첫 번째

034

이미 한 번 방문한 거래처일 때

아니, 요전에 부장님이랑 인사차 갔던 곳이야.

단어 힌트 この前(まえ) 일전, 요전, 전번 | 挨拶(あいさつ) 인사

035

일정이 정각에 끝났을 때

3시 정각에 끝났네.

단어 힌트 ジャスト 꼭, 정확히

031

□□□

タクシー代も経費で出せる？

経費で出すは '경비로 제출하다'란 뜻입니다. 주로 월말에 영수증을 첨부하여 제출합니다.

032

□□□

確か、上限があるはずだよ。

確か(に)는 100% 확실하지는 않지만, 어느 정도 확신하고 있는 것에 대해 추측하여 말할 때 사용합니다.

033

□□□

今回の訪問先って初めての会社だよね。

～先는 '～처(위치)'를 의미하며, '방문처'는 訪問先, '거래처'는 取引先, '투자처'는 投資先라고 합니다.

034

□□□

いや、この前部長と挨拶しに行ったことあるよ。

この前는 '일전, 요전, 전번'을 의미하며, 前回로 표현하기도 합니다.

035

□□□

3時ジャストで終わったね。

'정각'을 뜻하는 ジャスト는 영어의 'just'에서 온 표현입니다.

036~040.mp3

036

남은 일을 내일 처리하고 싶을 때

보고서는 내일 출근해서 해도 괜찮겠죠?

단어 힌트 報告書(ほうこくしょ) 보고서 | 出勤(しゅっきん) 출근

037

회사에서 처리할 일이 남았을 때

부장님께 보고할 것이 있으니까 사무실 들렀다가 퇴근하려고.

단어 힌트 部長(ぶちょう) 부장(님) | 報告(ほうこく) 보고

038

두고 온 것이 있을 때

두고 온 것이 있으니까 나는 사무실에 돌아갈게.

단어 힌트 忘(わす)れ物(もの) 분실물, 깜빡 잊고 온 물건

039

퇴근 후 술을 마시자고 제안할 때

오늘 술 마시고 가지 않을래?

단어 힌트 飲(の)む (술을) 마시다 | 帰(かえ)る 돌아가(오)다

040

술자리 제의를 거절할 때

내일 아침 일찍 회의니까 오늘은 술 마시러 가는 거 그만둘래.

단어 힌트 朝一(あさいち) 이른 아침, 그날 아침 가장 먼저 | 会議(かいぎ) 회의

내가 생각한 문장과 비교해 보고
네이티브 표현을 그대로 흡수해 보세요!

036

報告書は明日出勤したらでいいですよね。

'출근'을 뜻하는 단어로 出社(しゅっしゃ)와 出勤(しゅっきん) 모두 사용할 수 있습니다.

037

部長に報告することがあるから、オフィス寄ってから帰る。

寄(よ)る는 '접근하다' 외에 '잠깐 들르다'라는 뜻도 있습니다.

038

忘れ物したから私はオフィスに戻るね。

忘(わす)れ物(もの)는 '분실물' 외에도 '깜빡하고 두고 온 것'을 뜻하기도 합니다.

039

今日飲んで帰らない？

'술'을 뜻하는 お酒(さけ)란 표현 없이 '마시다'의 飲(の)む만으로도 '술을 마시다'라고 해석하는 경우가 많습니다.

040

明日朝一で会議だから、今日は飲みに行くのやめとく。

朝一(あさいち)는 '이른 아침' 또는 '아침 업무를 시작한 직후'를 뜻합니다.
그리고 '~해 두다'라는 뜻의 ~ておく를 줄여서 ~とく로 표현하기도 합니다.

041

점심 메뉴를 물어볼 때

오늘 뭐 먹고 싶은 기분?

단어 힌트 気分(きぶん) 기분

042

먹고 싶은 메뉴를 말할 때

오늘은 중국요리려나?

단어 힌트 中華(ちゅうか) 중화(요리), 중국요리

043

메뉴를 제안할 때

오랜만에 맥도날드는 어때?

단어 힌트 マクドナルド 맥도날드

044

메뉴를 제안할 때

수요일은 푸드트럭이지?

단어 힌트 フードトラック 푸드트럭

045

함께 식사하는 것을 제안할 때

오늘은 다 같이 먹으러 가지 않을래?

단어 힌트 みんなで 다 같이, 함께

041

今日(きょう)は何(なん)の気分(きぶん)？

음식 뒤에 気分(きぶん)이 오면 '해당 음식이 먹고 싶은 기분'이라는 뜻이 됩니다.
ラーメン気分(きぶん)이라고 하면 '라면이 먹고 싶은 기분'이 되겠죠.

042

今日(きょう)は中華(ちゅうか)かな。

'중국요리'는 中華料理(ちゅうかりょうり)(중화요리)의 준말인 中華(ちゅうか)로 표현합니다.

043

久(ひさ)しぶりにマックはどう？

'맥도날드'의 준말로는 マック(수도권에서 사용)와 マクド(간사이 지방에서 사용)가 있습니다.

044

水曜日(すいようび)はフードトラックでしょう？

오피스가에서 주로 볼 수 있는 '푸드트럭'을 フードトラック라고 합니다.

045

今日(きょう)はみんなで食(た)べに行(い)かない？

みんなで는 '다 같이'라는 뜻으로, '함께'를 의미하는 一緒(いっしょ)に보다 더 많은 인원,
넓은 범위를 뜻하는 표현입니다.

046~050.mp3

046

□ □ □

입맛이 없다는 것을 밝힐 때

오늘은 그다지 식욕이 없네.

단어 힌트 あまり 그다지 | 食欲(しょくよく) 식욕

047

□ □ □

다이어트 중인 것을 알릴 때

지금, 식사 제한(다이어트)하고 있어서.

단어 힌트 食事制限(しょくじせいげん) 식사 제한, 식단 제한

048

□ □ □

선약이 있어서 같이 식사하지 못할 때

오늘은 거래처랑 같이 먹어.

단어 힌트 取引先(とりひきさき) 거래처 | 一緒(いっしょ) 함께 함, 같이 함

049

□ □ □

같이 식사하는 것을 거절할 때

나는 패스.

단어 힌트 パス 패스

050

□ □ □

회식 자리를 거절할 때

지금 시기에 회식은 좀.

단어 힌트 時期(じき) 시기 | 会食(かいしょく) 회식

내가 생각한 문장과 비교해 보고
네이티브 표현을 그대로 흡수해 보세요!

046

今日(きょう)はあんまり食欲(しょくよく)ないなあ。

'그다지'를 뜻하는 あまり는 회화체에서 あんまり로 발음하기도 합니다.
하지만 공식적인 자리에서는 쓰지 않는 것이 좋아요.

047

今(いま)、食事制限(しょくじせいげん)してるんで。

食事制限(しょくじせいげん)은 '식단 조절'을 의미하며 '다이어트'로 통용되는 말입니다.

048

今日(きょう)は取引先(とりひきさき)と一緒(いっしょ)なんだ。

~なんだ는 설명 또는 단정의 뜻을 나타내는 ~なのだ의 구어체입니다.
'~인 거야, ~야'로 해석할 수 있습니다.

049

私(わたし)はパス。

'pass'를 뜻하는 パス는 거절의 의미로도 사용됩니다.

050

この時期(じき)に会食(かいしょく)はちょっと。

会食(かいしょく)는 비즈니스, 즉 회사나 업무와 관련된 자리,
飲(の)み会(かい)는 조금 더 넓은 의미의 술자리, 모임을 뜻하는 말입니다.

망각방지 장치 1

하루만 지나도 학습한 내용의 50%는 잊어버립니다. 여러분은 몇 퍼센트나 잊어버렸을까요?
25개 표현을 입으로 말해 보고 생각나지 않는 표현은 제시된 번호로 돌아가 다시 확인해 보세요!

			○	×	복습
01	수고했어.	お＿＿＿様(さま)。	☐	☐	001
02	먼저 갈게요.	お＿＿＿です。	☐	☐	002
03	그럼, 오늘은 먼저 퇴근할게.	じゃあ、今日(きょう)は先(さき)に＿＿＿ね。	☐	☐	003
04	역시 대단하네.	＿＿＿だね。	☐	☐	006
05	진지하게 생각하지 말라니까.	＿＿＿にするなって。	☐	☐	010
06	야근 힘내.	＿＿＿頑張(がんば)って。	☐	☐	011
07	그렇게 서두르지 않아도 되니까.	そんなに＿＿＿てもいいから。	☐	☐	012
08	지금 잠시 차 좀 내어줄 수 있어?	今(いま)ちょっと＿＿＿お願(ねが)いしていい？	☐	☐	015
09	나도 3시부터 손님이 방문해.	私(わたし)も３時(さんじ)から＿＿＿なんだ。	☐	☐	016
10	덕분에 살았어.	おかげで＿＿＿。	☐	☐	018
11	명함 잊지 마.	＿＿＿忘(わす)れないでね。	☐	☐	023
12	지난번 총회에서 명함을 다 써버렸어.	この間(あいだ)の総会(そうかい)で名刺(めいし)＿＿＿ちゃった。	☐	☐	024
13	뭔가 깐깐해 보여.	なんか＿＿＿そう。	☐	☐	027

정답
01 疲(つか)れ 02 先(さき) 03 上(あ)がる 04 さすが 05 本気(ほんき) 06 残業(ざんぎょう) 07 急(いそ)がなく 08 お茶出(ちゃだ)し 09 来客(らいきゃく)
10 助(たす)かった 11 名刺(めいし) 12 切(き)らし 13 細(こま)か

			○	×	복습
14	사무실에 복귀할 거야?	オフィスに ______ の？	☐	☐	028
15	택시비도 경비 처리할 수 있어?	タクシー代(だい)も ______ で出(だ)せる？	☐	☐	031
16	아마 상한이 있을 거야.	確(たし)か、______ があるはずだよ。	☐	☐	032
17	3시 정각에 끝났네.	３時(さんじ) ______ で終(お)わったね。	☐	☐	035
18	두고 온 것이 있으니까 나는 사무실에 돌아갈게.	______ したから 私(わたし)はオフィスに戻(もど)るね。	☐	☐	038
19	내일 아침 일찍 회의니까 오늘은 술 마시러 가는 거 그만둘래.	明日(あした) ______ で会議(かいぎ)だから、今日(きょう)は飲(の)みに行(い)くのやめとく。	☐	☐	040
20	오늘 뭐 먹고 싶은 기분?	今日(きょう)は何(なん)の ______ ？	☐	☐	041
21	오랜만에 맥도날드는 어때?	久(ひさ)しぶりに ______ はどう？	☐	☐	043
22	오늘은 그다지 식욕이 없네.	今日(きょう)はあんまり ______ ないなあ。	☐	☐	046
23	지금, 식사 제한 (다이어트)하고 있어서.	今(いま)、______ してるんで。	☐	☐	047
24	오늘은 거래처랑 같이 먹어.	今日(きょう)は ______ と一緒(いっしょ)なんだ。	☐	☐	048
25	지금 시기에 회식은 좀.	この ______ に会食(かいしょく)はちょっと。	☐	☐	050

맞은 개수: 25개 중 ______ 개

당신은 그동안 ______%를 잊어버렸습니다.
틀린 문장들은 다시 한번 보고 넘어가세요.

정답
14 戻(もど)る 15 経費(けいひ) 16 上限(じょうげん) 17 ジャスト 18 忘(わす)れ物(もの) 19 朝一(あさいち) 20 気分(きぶん) 21 マック 22 食欲(しょくよく)
23 食事制限(しょくじせいげん) 24 取引先(とりひきさき) 25 時期(じき)

051~055.mp3

051

못 먹는 것이 있다고 말할 때

나, 매운 건 잘 못 먹어서.

단어 힌트 辛(から)い 맵다 | 苦手(にがて) 잘하지 못함, 잘하지 못하는 것

052

예약 의사를 밝힐 때

거기로 괜찮으면 예약해 둘게.

단어 힌트 よかったら 괜찮으면 | 予約(よやく) 예약

053

이미 예약해 두었다고 알릴 때

개별실로 예약해 뒀어.

단어 힌트 個室(こしつ) 개별실

054

커피를 사서 돌아가자고 말할 때

돌아갈 때 커피라도 사서 가지 않을래?

단어 힌트 帰(かえ)り 돌아가는 길, 돌아가는 때

055

많이 먹는다고 타박할 때

과자 너무 많이 집어먹는 거 아냐?

단어 힌트 お菓子(かし) 과자 | つまむ 집다, 집어먹다

051

私(わたし)、辛(から)いのは苦手(にがて)なんで。

苦手(にがて)는 '능숙하지 못함' 외에 기호에서의 '불호'를 뜻하기도 합니다.

052

あそこでよかったら予約(よやく)しておくよ。

しておく는 '하다'의 する와 '두다'의 置(お)く가 결합된 단어로 '해 두다'라는 뜻입니다.
이때 おく는 히라가나로 표기합니다.

053

個室(こしつ)で予約(よやく)取(と)っといたよ。

個室(こしつ)는 식당 등에서 따로 분리된 '개별 룸'을 뜻합니다.

054

帰(かえ)りにコーヒーでも買(か)って行(い)かない？

帰(かえ)り는 '돌아가는 길, 돌아가는 때'의 시공간 모두를 의미합니다.

055

お菓子(かし)つまみすぎじゃない？

つまむ는 '집다, 집어먹다'라는 뜻으로, 가볍게 간식을 먹을 때 많이 사용되는 표현입니다.

056~060.mp3

056

간식을 먹어서 배부를 때

선물로 들어온 과자를 많이 먹어서 벌써 배불러.

단어 힌트 差(さ)し入(い)れ 선물 | お腹(なか)がいっぱいだ 배가 부르다

057

배고파서 뭐든 먹고 싶을 때

난 뭐든 먹고 싶은 기분이야.

단어 힌트 食(た)べる 먹다 | 동사의 ます형 + たい ~하고 싶다

058

가게를 제안할 때

최근에 새로 생긴 이자카야는 어때?

단어 힌트 この間(あいだ) 최근에, 일전에 | 新(あたら)しい 새롭다 | 出来(でき)る 생기다, 되다, 가능하다

059

상대가 입이 짧은 사람일 때

입이 짧네.

단어 힌트 少食(しょうしょく) 소식, 입이 짧음

060

상대가 편식이 심한 사람일 때

호불호가 심하네.

단어 힌트 好(す)き嫌(きら)い 호불호 | 激(はげ)しい 심하다, 거세다

내가 생각한 문장과 비교해 보고
네이티브 표현을 그대로 흡수해 보세요!

056

差(さ)し入(い)れのお菓子(かし)食(た)べすぎて、もうお腹(なか)いっぱい。

差(さ)し入(い)れは '선물로 들어온 것'을 뜻하며, 주로 먹을 것을 의미합니다.

057

私(わたし)は何(なん)でも食(た)べたい気分(きぶん)だな。

「何(なん)でも+동사의 ます형+たい気分(きぶん)」은 '무엇이든 ~하고 싶은 기분'이라는 뜻입니다.
何(なん)でもしたい気分(きぶん)은 '뭐든 하고 싶은 기분'으로 해석할 수 있겠죠.

058

こないだ新(あたら)しく出来(でき)た居酒屋(いざかや)はどう？

こないだ는 この間(あいだ)의 준말로 '최근에, 일전에'라는 뜻입니다.

059

少食(しょうしょく)だね。

'입이 짧고 먹는 양이 적은 사람'을 少食(しょうしょく)라고 하며,
반대로 '많이 먹는 사람'을 大食(おおぐ)い라고 합니다.

060

好(す)き嫌(きら)いが激(はげ)しいんだね。

好(す)き嫌(きら)いが激(はげ)しい는 '호불호가 심하다'라는 뜻으로, 음식에 대해 말할 경우에는
'편식이 심하다'로 해석하는 것이 자연스럽습니다.

061~065.mp3

061

회의 시간을 물을 때

오늘 회의 몇 시부터였지?

단어 힌트 会議(かいぎ) 회의 | ～っけ ～더라? (생각이 나지 않는 것에 대한 물음)

062

자료 준비 여부를 물을 때

회의 자료 준비는 다 됐어?

단어 힌트 資料(しりょう) 자료 | 全部(ぜんぶ) 전부 | 準備(じゅんび) 준비

063

무신경한 어투로 대답할 때

아니, 뭐 어떻게든 되겠지.

단어 힌트 まぁ 뭐 | なんとかなる 어떻게든 되다

064

자신감 있게 대답할 때

완벽해!

단어 힌트 バッチリ 결과가 잘 돼 가는 모양

065

곧 끝난다는 것을 알릴 때

슬슬 끝나.

단어 힌트 そろそろ 슬슬

061

□□□

今日(きょう)の会議(かいぎ)、何時(なんじ)からだったっけ。

～つけは 애매한 기억이나 잊어버린 것을 타인에게 확인하는 표현입니다.

062

□□□

会議資料(かいぎしりょう)は全部準備(ぜんぶじゅんび)できたの？

종조사 の는 상대방의 주의를 끌거나 확인하는 뜻으로 사용됩니다.
したの？는 '했어?'로 해석할 수 있겠죠.

063

□□□

いや、まぁ、
なんとかなるでしょう。

なんとかなる는 전개나 결말에 크게 상관없이
'어떻게든 대응과 극복이 가능하다'는 의미로 해석됩니다.

064

□□□

バッチリだよ！

バッチリ는 '결과가 잘 돼 가는 모양, 완벽히 준비된 상황'을 뜻합니다.

065

□□□

そろそろ終(お)わるよ。

そろそろ는 あと少(すこ)しで, あとちょっとで로 대체할 수 있습니다.

066~070.mp3

066

업무 처리 여부를 물어볼 때

품의서 냈어?

단어 힌트 稟議書(りんぎしょ) 품의서 | 出(だ)す 제출하다, 내다

067

업무 처리가 통과되었음을 알려줄 때

응, 품의(서) 통과됐어.

단어 힌트 通(とお)る 통과하다, 지나다

068

기간을 확인할 때

(결제) 마감일이랑 결제일은?

단어 힌트 締(し)め日(び) 마감일 | 支払日(しはらいび) 결제일

069

변경 사항을 알려줄 때

이번 주부터 영업 회의는 줌으로 한다던데.

단어 힌트 今週(こんしゅう) 이번 주 | 営業会議(えいぎょうかいぎ) 영업 회의 | ズーム 줌(zoom)

070

연락 여부를 확인할 때

상대측에 연락해 봤어?

단어 힌트 先方(せんぽう) 상대측, 거래처 | 連絡(れんらく) 연락

내가 생각한 문장과 비교해 보고
네이티브 표현을 그대로 흡수해 보세요!

066 □□□

稟議書(りんぎしょ)出(だ)した？

稟議書(りんぎしょ)는 주로 '청구서를 제출하기 전, 해당 안건에 대해 승인을 구하는 서류'를 뜻합니다.
즉, '이 금액과 내용으로 청구서를 제출해도 될까요?'와 같은 느낌으로 허락을 구하는 서류라고 보면 돼요.

067 □□□

うん、稟議(りんぎ)通(とお)ったよ。

각종 서류가 승인을 받아 통과되는 것을 (書類(しょるい)が)通(とお)る라고 표현합니다.

068 □□□

締(し)め日(び)と支払日(しはらいび)は？

締(し)め日(び)는 '마감일'을 뜻하며, 주로 월말인 경우가 많습니다. 〆로 표기하기도 합니다.

069 □□□

今週(こんしゅう)から営業会議(えいぎょうかいぎ)は ズームでするんだって。

일본 회사에서도 화상 회의는 주로 zoom으로 하는 경우가 많습니다.

070 □□□

先方(せんぽう)に連絡(れんらく)してみた？

先方(せんぽう)는 주로 '거래처, 상대 회사'를 뜻합니다.

071~075.mp3

071

견적서 수령 여부를 확인할 때

견적(서) 받았어?

단어 힌트 見積(みつ)もり 견적(서) | もらう 받다

072

부탁받은 일의 처리 여부를 알릴 때

(네가) 부탁한 자료는 메일 보내 뒀어.

단어 힌트 頼(たの)む 부탁하다 | メール 메일 | ～ておく ~해 두다

073

일처리에 의아함을 느낄 때

아까 제출한 청구서, 반려돼 버렸네.

단어 힌트 さっき 아까, 조금 전 | 請求書(せいきゅうしょ) 청구서 | 差(さ)し戻(もど)す 반려하다, 환송하다

074

수정을 요청할 때

조금 전 자료 수정, 최대한 빨리 부탁해.

단어 힌트 修正(しゅうせい) 수정

075

외국 손님의 접대 담당이 됐을 때

중국에서 오는 손님을 모시게 됐어.

단어 힌트 中国(ちゅうごく) 중국 | アテンド 접대함, 출석함 | 동사의 기본형 + ことになる ~하게 되다

071

見積(みつ)もりもらった？

'견적서'는 見積書(みつもりしょ)이지만, 書(しょ)를 생략하고 見積(みつ)もり라고 표현하기도 합니다.

072

頼(たの)まれた資料(しりょう)はメールしといたよ。

일본어는 수동형 표현을 많이 쓰므로, '(당신이 나에게) 부탁한 자료'가 아닌 '(내가 당신에게) 부탁받은 자료'와 같이 말하는 경우가 많습니다. ～しといた는 ～しておいた의 준말입니다.

073

さっき出(だ)した請求書(せいきゅうしょ)、
差(さ)し戻(もど)されちゃったんだけど。

差(さ)し戻(もど)す는 '반려(환송)하다'란 뜻으로, 제출한 서류가 반려되는 경우에는 수동형인 差(さ)し戻(もど)される로 표현합니다.

074

さっきの資料(しりょう)の修正(しゅうせい)、
なるはやでお願(ねが)い。

なるはや는 なるべく早(はや)く(되도록 빨리)를 줄인 표현입니다.

075

中国(ちゅうごく)からのお客様(きゃくさま)を
アテンドすることになった。

アテンド는 영어의 'attend'에서 온 표현으로, 주로 외국에서 온 방문객을 접대, 응대하는 것을 뜻합니다.

076~080.mp3

076

업무 진행을 제안할 때

우리 측에서 교섭을 진행해 보자.

단어 힌트 こちら 이쪽, 우리, 여기 | 交渉(こうしょう) 교섭 | 進(すす)める 나아가다, 진행하다

077

마감에 맞추기 힘들다고 말할 때

오늘까지라니, 시간적으로 힘들지 않아?

단어 힌트 ~まで ~까지 | 厳(きび)しい 엄격하다, 하기 힘들다

078

일의 진행 사항을 확인할 때

합병 건 진행은 잘 돼 가?

단어 힌트 合併(がっぺい) 합병 | 進行(しんこう) 진행 | 順調(じゅんちょう)だ 순조롭다

079

순조롭지 않다고 말할 때

간단하게는 안 될 것 같아.

단어 힌트 簡単(かんたん)に 간단히, 간단하게

080

전략이 필요하다고 말할 때

전략은 필수불가결하네.

단어 힌트 戦略(せんりゃく) 전략 | 必要不可欠(ひつようふかけつ) 필요(필수)불가결

076

□ □ □

こっちから交渉(こうしょう)を進(すす)めよう。

こっちは こちら의 준말이고, 進(すす)める는 '앞으로 나아가다, 일을 진행하다'라는 뜻으로 사용됩니다.

077

□ □ □

今日(きょう)までって、時間的(じかんてき)に厳(きび)しくない？

厳(きび)しい는 '엄격하다' 외에도 '하기 힘들다, 무리가 있다'라는 뜻으로도 사용됩니다.

078

□ □ □

合併(がっぺい)の件(けん)、進行(しんこう)は順調(じゅんちょう)？

進行(しんこう)는 '일이 진행되는 상황'을 의미합니다.

079

□ □ □

簡単(かんたん)には行(い)きそうにない。

行(い)く는 '가다' 외에 '되다'라는 뜻도 있으며, 주로 うまく行(い)く(잘 되다),
うまく行(い)かない(잘 되지 않다)로 표현합니다.

080

□ □ □

戦略(せんりゃく)は必要不可欠(ひつようふかけつ)だね。

'필요'인 必要(ひつよう)보다 '필수불가결'인 必要不可欠(ひつようふかけつ)가 필요성을 조금 더 강조하는 느낌을 줍니다.

081~085.mp3

081

반차를 쓸지 말지 고민될 때

오후 반차 쓸까 하고 고민 중이야.

단어 힌트 半休(はんきゅう)を取(と)る 반차를 쓰다 | 迷(まよ)う 헤매다, 결단을 내리지 못하다

082

반차를 추천할 때

반차 쓰지 그래?

단어 힌트 ~にすれば? ~로 하지 그래?

083

걱정을 이야기할 때

폐 끼치는 건 아닌가 싶어서.

단어 힌트 迷惑(めいわく) 폐, 민폐

084

휴가 존재 여부를 물을 때

우리 회사 출산 휴가 있었던가?

단어 힌트 産休(さんきゅう) 산휴(출산 휴가)

085

휴가 존재 여부를 알려줄 때

출산 휴가도 육아 휴직도 있어.

단어 힌트 育休(いくきゅう) 육휴(육아 휴직)

081 □ □ □

午後半休取ろうかと迷ってる。

'반차'는 半休라고 하며, '오전 반차'는 午前半休, '오후 반차'는 午後半休라고 합니다.

082 □ □ □

半休にすれば？

~にすれば？는 가볍게 제안하는 표현으로 '~로 하지 그래?'로 해석할 수 있습니다.

083 □ □ □

迷惑じゃないかなと思って。

迷惑는 '민폐, 폐'를 뜻하며, '폐를 끼치다'는 迷惑をかける라고 합니다.

084 □ □ □

うち産休あったっけ？

うち는 '내가 속한 집단'을 뜻하므로, 비즈니스 관련인 경우에는 내가 속한 회사, 소속을 뜻합니다.

085 □ □ □

産休も育休もあるよ。

'출산 휴가(出産休暇)'를 줄여서 産休, '육아 휴직(育児休業)'을 줄여서 育休라고 합니다.

086~090.mp3

086

휴가 신청 여부를 물을 때

대체 휴일 신청서 냈어?

단어 힌트 代休(だいきゅう) 대체 휴일 | 届(とどけ) 신고(서), 신청(서)

087

근태 확인 여부를 물을 때

오늘 출퇴근 카드에 제대로 시간 찍었어?

단어 힌트 タイムカード 출퇴근 카드 | 打刻(だこく) 글이나 숫자를 찍는 일

088

회사 지침의 변경 사항을 알려줄 때

이번 주부터 조례 안 한대.

단어 힌트 朝礼(ちょうれい) 조례

089

회사 지침의 변경 사항을 알려줄 때

다음 주부터 우리 재택근무 된다던데.

단어 힌트 テレワーク 재택근무 | ~らしい ~같다, ~듯하다

090

회식 여부를 확인할 때

오늘 밤 환영회지?

단어 힌트 今夜(こんや) 오늘 밤 | 歓迎会(かんげいかい) 환영회

내가 생각한 문장과 비교해 보고
네이티브 표현을 그대로 흡수해 보세요!

086

代休届出したの？

代休는 휴일에 출근한 경우, 다른 날 대신 받는 휴가를 의미합니다.
届는 각종 신고서, 신청서를 뜻하며, '전입신고서'는 転入届, '전출신고서'는 転出届라고 합니다.

087

今日タイムカードにちゃんと打刻した？

출퇴근 시간을 기록하는 종이를 タイムカード라고 하며,
종이에 시간을 기록하는 것을 打刻をする라고 합니다.

088

今週から朝礼ないって。

일본 회사는 매주 월요일마다 조례를 하는 회사가 많습니다.

089

来週からうちテレワークになるらしい。

'재택근무'는 テレワーク(telework), 在宅勤務, リモートワーク(remote work) 등으로 표현합니다.

090

今夜歓迎会だよね。

歓迎会는 단순한 회식이 아닌, 신입사원 또는 새로 입사한 사람을 환영하기 위한 자리를 뜻합니다.

091~095.mp3

091

새로 입사한 사람에 대한 이야기를 할 때

인사부에 새로 들어온 사람, 꽤 미인이지.

단어 힌트 人事(じんじ) 인사 | 配属(はいぞく) 배속, 배치 | 結構(けっこう) 꽤 | 美人(びじん) 미인

092

낙하산으로 입사한 사람에 대해 말할 때

낙하산으로 들어왔다던데.

단어 힌트 入社(にゅうしゃ) 입사

093

특정 직무를 무시할 때

어차피 인턴이니까.

단어 힌트 所詮(しょせん) 어차피 | インターン 인턴

094

갑질에 대해 부정적으로 말할 때

아무리 그래도 갑질은 좀 아니지.

단어 힌트 いくらなんでも 아무리 그래도 | パワハラ 갑질

095

사내 연애가 많다고 말할 때

우리 회사, 사내 연애 너무 많지 않아?

단어 힌트 社内(しゃない) 사내 | 恋愛(れんあい) 연애

091 □ □ □

人事(じんじ)に配属(はいぞく)された人(ひと)、結構美人(けっこうびじん)だね。

영업부, 인사부 등의 부서를 뜻하는 部(ぶ)(부)는 생략하고 말하기도 합니다.
부서의 배치는 '배속'인 配属(はいぞく)로 표현합니다.

092 □ □ □

コネで入社(にゅうしゃ)したらしいよ。

コネ는 コネクション(connection)의 준말로, 한국어의 '낙하산'과 같은 뜻으로 사용됩니다.

093 □ □ □

所詮(しょせん)インターンだし。

所詮(しょせん)은 '어차피'란 뜻으로, 주로 부정적인 의견에 사용되는 부사입니다.

094 □ □ □

いくらなんでもパワハラはないでしょう。

パワハラ는 パワーハラスメント(power harassment)의 준말로
'권력에 의한 직장내 괴롭힘'을 뜻합니다.

095 □ □ □

うち、社内恋愛(しゃないれんあい)多(おお)すぎじゃない？

'사내 연애'는 社内恋愛(しゃないれんあい), '사내 결혼'은 社内結婚(しゃないけっこん)이라고 합니다.

096~100.mp3

096

감봉된 사실을 전달할 때

영업부 마에다 씨, 감봉됐다던데.

단어 힌트 営業(えいぎょう) 영업 | 減給(げんきゅう) 감봉

097

인사 평가에 대해 걱정할 때

이번 인사 평가, S 받을 수 있을까?

단어 힌트 人事評価(じんじひょうか) 인사 평가

098

인사 평가 결과에 대해 알려줄 때

본사 전원 동결이래.

단어 힌트 本社(ほんしゃ) 본사 | 全員(ぜんいん) 전원 | 凍結(とうけつ) 동결

099

인사 평가 결과에 동의할 때

매출도 줄었고, 무리는 아닐지도.

단어 힌트 売(う)り上(あ)げ 매출(액) | 下(さ)がる 내리다, 하락하다 | 無理(むり) 무리

100

윗사람들의 생각을 읽을 수 없을 때

윗사람들 생각은 진짜 모르겠어.

단어 힌트 上(うえ) 위 | 考(かんが)える 생각하다 | 本当(ほんとう) 정말, 사실, 진짜 | わかる 알다

내가 생각한 문장과 비교해 보고
네이티브 표현을 그대로 흡수해 보세요!

096

営業(えいぎょう)の前田(まえだ)さん、減給(げんきゅう)されたんだって。

'감봉'은 減給(げんきゅう), '해고'는 解雇(かいこ)라고 합니다.

097

今回(こんかい)の人事評価(じんじひょうか)、S(エス)もらえるかな。

일본의 인사 평가 기준은 한국과 같이 S-A-B-C-D의 순서로 책정하는 회사가 많은 편입니다.

098

本社全員凍結(ほんしゃぜんいんとうけつ)だってさ。

월급의 인상이나 감봉 없이 유지되는 것을 凍結(とうけつ)라고 합니다.

099

売(う)り上(あ)げも下(さ)がってるし、無理(むり)もないかも。

無理(むり)もない는 '~하는 게 당연하다, 충분한 이유가 있다'라는 의미입니다.

100

上(うえ)の考(かんが)えてることは本当(ほんとう)わかんない。

上(うえ)는 '위, 위쪽'이라는 뜻이지만, '윗사람'으로 해석되는 경우도 있습니다.
わかんない는 わからない의 구어체로, 편한 사이에서 주로 사용합니다.

망각방지 장치 1

하루만 지나도 학습한 내용의 50%는 잊어버립니다. 여러분은 몇 퍼센트나 잊어버렸을까요?
25개 표현을 입으로 말해 보고 생각나지 않는 표현은 제시된 번호로 돌아가 다시 확인해 보세요!

			○	×	복습
01	나, 매운 건 잘 못 먹어서.	私(わたし)、辛(から)いのは ＿＿＿＿ なんで。	□	□	051
02	개별실로 예약해 뒀어.	＿＿＿＿ で予約(よやく)取(と)っといたよ。	□	□	053
03	과자 너무 많이 집어먹는 거 아냐?	お菓子(かし) ＿＿＿＿ すぎじゃない？	□	□	055
04	선물로 들어온 과자를 많이 먹어서 벌써 배불러.	＿＿＿＿ のお菓子(かし)食(た)べすぎて、もうお腹(なか)いっぱい。	□	□	056
05	입이 짧네.	＿＿＿＿ だね。	□	□	059
06	호불호가 심하네.	＿＿＿＿ が激(はげ)しいんだね。	□	□	060
07	아니, 뭐 어떻게든 되겠지.	いや、まぁ、＿＿＿＿ でしょう。	□	□	063
08	완벽해!	＿＿＿＿ だよ！	□	□	064
09	응, 품의(서) 통과됐어.	うん、稟議(りんぎ) ＿＿＿＿ よ。	□	□	067
10	이번 주부터 영업 회의는 줌으로 한다던데.	今週(こんしゅう)から ＿＿＿＿ はズームでするんだって。	□	□	069
11	상대측에 연락해 봤어?	＿＿＿＿ に連絡(れんらく)してみた？	□	□	070
12	견적(서) 받았어?	＿＿＿＿ もらった？	□	□	071
13	아까 제출한 청구서, 반려돼 버렸네.	さっき出(だ)した請求書(せいきゅうしょ)、＿＿＿＿ ちゃったんだけど。	□	□	073

정답
01 苦手(にがて) 02 個室(こしつ) 03 つまみ 04 差(さ)し入(い)れ 05 少食(しょうしょく) 06 好(す)き嫌(きら)い 07 なんとかなる 08 バッチリ
09 通(とお)った 10 営業会議(えいぎょうかいぎ) 11 先方(せんぽう) 12 見積(みつ)もり 13 差(さ)し戻(もど)され

			○	×	복습
14	중국에서 오는 손님을 모시게 됐어.	中国(ちゅうごく)からのお客様(きゃくさま)を＿＿＿＿＿することになった。	□	□	075
15	오늘까지라니, 시간적으로 힘들지 않아?	今日(きょう)までって、時間的(じかんてき)に＿＿＿＿＿ない？	□	□	077
16	간단하게는 안 될 것 같아.	簡単(かんたん)には＿＿＿＿＿。	□	□	079
17	반차 쓰지 그래?	＿＿＿＿＿にすれば？	□	□	082
18	폐 끼치는 건 아닌가 싶어서.	＿＿＿＿＿じゃないかなと思(おも)って。	□	□	083
19	우리 회사 출산 휴가 있었던가?	＿＿＿＿＿産休(さんきゅう)あったっけ？	□	□	084
20	출산 휴가도 육아 휴직도 있어.	産休(さんきゅう)も＿＿＿＿＿もあるよ。	□	□	085
21	이번 주부터 조례 안 한대.	今週(こんしゅう)から＿＿＿＿＿ないって。	□	□	088
22	다음 주부터 우리 재택근무 된다던데.	来週(らいしゅう)からうちテレワークになる＿＿＿＿＿。	□	□	089
23	낙하산으로 들어왔다던데.	＿＿＿＿＿で入社(にゅうしゃ)したらしいよ。	□	□	092
24	아무리 그래도 갑질은 좀 아니지.	いくらなんでも＿＿＿＿＿はないでしょう。	□	□	094
25	윗사람들 생각은 진짜 모르겠어.	＿＿＿＿＿の考(かんが)えてることは本当(ほんとう)わかんない。	□	□	100

맞은 개수: 25개 중 ＿＿＿ 개

당신은 그동안 ＿＿＿%를 잊어버렸습니다.
틀린 문장들은 다시 한번 보고 넘어가세요.

정답
14 アテンド 15 厳(きび)しく 16 行(い)きそうにない 17 半休(はんきゅう) 18 迷惑(めいわく) 19 うち 20 育休(いくきゅう) 21 朝礼(ちょうれい)
22 らしい 23 コネ 24 パワハラ 25 上(うえ)

망각방지 장치 2

일주일이 지나면 학습한 내용의 70%를 잊어버립니다.
여러분은 몇 퍼센트나 기억하고 있을까요? 대화문으로 확인해 보세요.

001 동료가 먼저 퇴근할 때

kaiwa 001.mp3

A 今日(きょう)は 먼저 갈게요~！ 002

B え、もう？ 会議(かいぎ)の準備(じゅんび)は？

A 終(お)わりましたよ。

B 早(はや)いね。수고했어！ 001

단어 先(さき) 먼저, 우선

002 상사에게 혼난 동료를 위로할 때

kaiwa 002.mp3

A また部長(ぶちょう)に文句(もんく)言(い)われた。

B また？ 진지하게 생각하지 말라니까. 010

A やる気(き)わかないな。

B 元気(げんき)出(だ)して！ 무슨 일 있으면 언제든지 말해. 009

단어 文句(もんく) 불평, 잔소리 | やる気(き) 의욕 | わく 솟다, 샘솟다

001

A 오늘은 お先(さき)です～![002]

B 응, 벌써? 회의 준비는?

A 끝났어요.

B 빠르네. お疲(つか)れ様(さま)。[001]

002

A 또 부장님한테 잔소리 들었어.

B 또? 本気(ほんき)にするなって。[010]

A 의욕이 안 생기네.

B 힘내! 何(なに)かあったらいつでも言(い)ってね。[009]

003 동료에게 음료를 내어 달라고 부탁할 때

kaiwa 003.mp3

A　지금 잠시 괜찮아? 013

B　なに？

A　ごめん、会議室(かいぎしつ)に 차 좀 내어줄 수 있어? 015

B　オッケー。

단어 会議室(かいぎしつ) 회의실

004 동료와 외근을 나갈 때

kaiwa 004.mp3

A　そろそろ出(で)ようか。

B　そうだね。3時(さんじ)の 모노레일로 갈까? 021

A　モノレールは今(いま) 지연되고 있으니까 JR로 가자. 022

B　ああ、そうしよう。

단어 そろそろ 슬슬

003

A 今(いま)ちょっといい？ 013

B 왜?

A 미안, 회의실에 お茶(ちゃ)出(だ)しお願(ねが)いしていい？ 015

B 오케이.

004

A 슬슬 나갈까?

B 그러네. 3시 モノレールで行(い)こうか。 021

A 모노레일은 지금 遅延(ちえん)してるから、ＪＲ(ジェーアール)にしよう。 022

B 아, 그러자.

005 새로운 담당자에 대해 이야기할 때

kaiwa 005.mp3

A ミーティング、結構(けっこう)長(なが)かったね。

B 새로 담당된 사람, 어떤 것 같아? 026

A うーん…、뭔가 깐깐해 보여. 027

B 私(わたし)もそう思(おも)った。

단어 結構(けっこう) 꽤 | 細(こま)かい 세심하다, 깐깐하다

006 외근 후 바로 퇴근할 때

kaiwa 006.mp3

A もう6時(ろくじ)か。사무실에 복귀할 거야? 028

B いや、오늘은 바로 퇴근하려고. 029

A 部長(ぶちょう)に連絡(れんらく)した？

B うん、さっきラインしといた。

단어 さっき 아까, 조금 전

005

A　미팅, 꽤 길었네.

B　新しく担当になった人、どう思う？ 026

A　음…, なんか細かそう。027

B　나도 그렇게 생각했어.

006

A　벌써 6신가. オフィスに戻るの？ 028

B　아니, 今日は直帰しようかと。029

A　부장님께 연락했어?

B　응, 아까 라인해 뒀어.

007 퇴근 후 술자리를 제안할 때

kaiwa 007.mp3

A　오늘 술 마시고 가지 않을래? 039

B　うーん、どうしようかな。

A　金曜日(きんようび)だし、行(い)こうよ！

B　やっぱり明日(あした) 아침 일찍 회의니까 오늘은 그만둘래. 040

단어 やっぱり 역시, 아무래도

008 점심 메뉴를 제안할 때

kaiwa 008.mp3

A　今日(きょう)は 오랜만에 맥도날드는 어때? 043

B　ハンバーガーか。うーん…。

A　じゃあ、デリバリー頼(たの)もうか。

B　오늘은 그다지 식욕이 없네. 046

단어 デリバリー 배달 | 頼(たの)む 부탁하다, 주문하다

007

A　今日(きょう)飲(の)んで帰(かえ)らない？ 039

B　음~, 어쩌지.

A　금요일이니까, 가자!

B　아무래도 내일 朝一(あさいち)で会議(かいぎ)だから今日(きょう)はやめとく。 040

008

A　오늘은 久(ひさ)しぶりにマックはどう？ 043

B　햄버거인가. 음….

A　그럼, 배달 주문할까?

B　今日(きょう)はあんまり食欲(しょくよく)がないんだよなあ。 046

009 회의 준비에 대해 이야기할 때

kaiwa 009.mp3

A　오늘 営業(えいぎょう) 회의 몇 시부터였지? 061

B　3時(さんじ)だったはずだよ。

A　もうそろそろだね。회의 자료 준비는 다 됐어? 062

B　資料(しりょう)の担当(たんとう)は山田(やまだ)先輩(せんぱい)だよ。

단어 担当(たんとう) 담당 | 先輩(せんぱい) 선배

010 동료의 안색이 안 좋아 보일 때

kaiwa 010.mp3

A　具合(ぐあい)悪(わる)いの？

B　うん、昨日(きのう)からお腹(なか)が痛(いた)くて。

A　반차 쓰지 그래? 082 病院(びょういん)に行(い)った方(ほう)がいいよ。

B　でも、みんなに 폐 끼치는 건 아닌가 싶어서. 083

단어 具合(ぐあい) 상태, 형편 | 悪(わる)い 좋지 않다, 나쁘다

009

A　今日の 영업 会議、何時からだったっけ。 061

B　3시였을 거야.

A　이제 곧이네. 会議資料は全部準備できてる？ 062

B　자료 담당은 야마다 선배야.

010

A　몸 상태 안 좋아?

B　응, 어제부터 배가 아파서.

A　半休にすれば？ 082 병원에 가는 편이 좋아.

B　그래도 모두에게 迷惑じゃないかなと思って。 083

Part
2

직장인이 회사에서 자주 쓰는 **감정 / 상태 표현 100**

Part 2 전체 듣기
& 영상 강의

네이티브가 직장에서 쓰게 되는 자문식 표현과 자신의 감정을 나타내는 표현들을 상황에 따라 사용할 수 있도록 엄선해서 모았습니다. 회사 생활 속에서 느끼게 되는 기쁨과 슬픔, 때로는 슬픔과 분노의 감정들을 자유롭게 표현할 수 있도록 다양하게 담았습니다.

101~105.mp3

101

기억이 나지 않을 때

교통비 신청했던가?

단어 힌트 交通費(こうつうひ) 교통비 | 申請(しんせい) 신청

102

기억이 나지 않을 때

연차 며칠 남았더라?

단어 힌트 有給(ゆうきゅう) 연차 | 残(のこ)る 남다

103

기억을 되짚어 볼 때

지연증명서 받아 왔던가?

단어 힌트 遅延証明書(ちえんしょうめいしょ) 지연증명서 | 持(も)ってくる 들고 오다, 가져 오다

104

연차를 쓰는 것이 걱정이 될 때

월 2회 연차는 아무래도 무리겠지?

단어 힌트 さすが 그렇다고는 하나, 역시, 과연 | 無理(むり) 무리

105

선택지를 놓고 고민할 때

이번 출장은 렌터카 빌릴까?

단어 힌트 今度(こんど) 이번, 다음번 | 出張(しゅっちょう) 출장 | 借(か)りる 빌리다

내가 생각한 문장과 비교해 보고
네이티브 표현을 그대로 흡수해 보세요!

101 □□□

交通費申請(こうつうひしんせい)したっけ?

～っけ는 이전에 알고 있었지만 현재는 잊어버린 것에 대한 의문·질문을 나타내는 종조사입니다.

102 □□□

有給何日残(ゆうきゅうなんにちのこ)ってたっけ?

유급 휴가(有給休暇(ゆうきゅうきゅうか))의 준말인 有給(ゆうきゅう)는 한국어의 '연차'에 해당하는 표현입니다.
'연차를 쓰다'는 有給(ゆうきゅう)を使(つか)う로 표현하는 경우가 많습니다.

103 □□□

遅延証明書持(ちえんしょうめいしょも)ってきたっけ?

일본은 열차가 지연되는 경우 역사 내에서 지연증명서를 배부하는데,
열차 지연으로 인한 지각 시 회사에 제출하는 용도로 많이 사용됩니다.

104 □□□

月(つき)2回(にかい)の有給(ゆうきゅう)はさすがに無理(むり)か。

さすがに는 전제 조건을 일단은 인정하면서도 그와 반대되는 의견을 표현할 때 사용되며
'아무리 그래도'로 해석되는 경우가 많습니다.

105 □□□

今度(こんど)の出張(しゅっちょう)はレンタカー借(か)りようかな。

今度(こんど)는 '이번, 다음번'으로 해석할 수도 있고 '이 다음번'으로 해석할 수도 있습니다.

106~110.mp3

106

상대의 인맥에 감탄할 때

저 사람 인맥 엄청나네.

단어 힌트 人脈(じんみゃく) 인맥

107

유능한 사람을 보고 감탄할 때

유능한 사람은 역시 다르네.

단어 힌트 違(ちが)う 다르다, 틀리다

108

유능한 사람을 보고 감탄할 때

저 사람 승진 빠르네.

단어 힌트 昇進(しょうしん) 승진

109

예상 밖의 상황에 놀랐을 때

응? 다들 그만두는 거야?

단어 힌트 辞(や)める 그만두다, 사직하다

110

감회가 새로울 때

입사한 지 벌써 2년인가. 감회가 새롭네.

단어 힌트 入社(にゅうしゃ) 입사 | 感慨(かんがい) 감개, 감회

내가 생각한 문장과 비교해 보고
네이티브 표현을 그대로 흡수해 보세요!

106

あの人の人脈凄いな。

'대단하다'의 凄い는 긍정적인 의미로도, 부정적인 의미로도 쓰입니다.

107

できる人は違うな。

できる는 단순히 '할 수 있다'란 의미 외에도 '유능하다, 잘하다'란 뜻이 있습니다. 주로 '공부를 잘하다(勉強ができる), 일을 잘하다(仕事ができる)'로 사용됩니다.

108

あの人、昇進早いな。

'승진하다'와 비슷한 표현으로는 出世する(출세하다)가 있습니다.

109

え、みんな辞めちゃうの？

'~해 버리다'의 ~てしまう는 ~ちゃう로 줄여 말하기도 합니다.

110

入社してもう二年か。
感慨深いな。

感慨深い는 직역하면 '감개가 깊다'이지만, '감회가 새롭다, 감개무량하다'라는 뜻으로 해석할 수 있습니다.

111~115.mp3

111

이직에 대해 고민할 때

이 시기에 이직은 무리겠지.

단어 힌트 時期(じき) 시기 | 転職(てんしょく) 이직

112

통근 방법에 대해 고민할 때

자전거로 통근해 볼까?

단어 힌트 自転車(じてんしゃ) 자전거 | 通勤(つうきん) 통근

113

통근 방법에 대해 고민할 때

회사 차를 개인 용도로 써도 괜찮으려나?

단어 힌트 社用車(しゃようしゃ) 회사 차 | 私用(しよう) 사적인 일

114

퇴근 후에 뭘 할지 고민할 때

퇴근하면 뭐 하지?

단어 힌트 帰(かえ)る 돌아가(오)다

115

업무 능력이 떨어지는 사람에 대해 불평할 때

야근은 즉, 일을 못한다는 거잖아.

단어 힌트 残業(ざんぎょう) 잔업, 야근 | イコール 이퀄(=), 같음

내가 생각한 문장과 비교해 보고
네이티브 표현을 그대로 흡수해 보세요!

111

この時期に転職は無理だよね。

この時期には '이 시기에' 또는 '이 시국에'로 해석할 수 있습니다.

112

自転車で通勤してみようかな。

では 수단, 방법을 나타내는 조사로 사용됩니다.

113

社用車を私用で使ってもいいかな。

私用는 '사적인 용도(일)'을 나타내는 단어로, 유급 휴가 신청 사유로도 많이 사용되는 표현입니다.

114

帰ったら何しようかな。

帰る는 '돌아가(오)다'라는 뜻이지만, 회사에서 집으로 '퇴근하다'라는 뜻으로도 많이 사용됩니다.

115

残業イコール仕事ができないってことでしょう。

できない는 단순히 '할 수 없다'란 의미 외에도 '능숙하지 못한, 무능한'이란 뜻으로도 사용됩니다.

116~120.mp3

116

□□□

업무 프로세스에 불만을 표출할 때

업무 프로세스에 군더더기가 많은 느낌이 들어.

단어 힌트▼ 業務(ぎょうむ) 업무 | プロセス 프로세스 | 無駄(むだ) 쓸데없음, 헛됨

117

□□□

슬럼프임을 느낄 때

요즘 슬럼프인가.

단어 힌트▼ 最近(さいきん) 최근, 요즘

118

□□□

데이트 신청을 망설일 때

마에다 씨에게 밥 먹자고 해볼까?

단어 힌트▼ 誘(さそ)う 권유하다, 유혹하다

119

□□□

점심 메뉴로 고민할 때

점심 뭐 먹을지 고민되네.

단어 힌트▼ お昼(ひる) 점심, 낮 | 食(た)べる 먹다 | 迷(まよ)う 결단을 못 내리다, 헤매다

120

□□□

화장을 할지 말지 망설일 때

노메이크업으로 출근해도 되려나.

단어 힌트▼ ノーメイク 노메이크업 | 出社(しゅっしゃ) 출근

116

業務(ぎょうむ)プロセスに無駄(むだ)が多(おお)い気(き)がする。

□□□

'생각이 들다'의 気(き)がする와 '신경 쓰다, 걱정하다'의 気(き)にする, 그리고 '신경 쓰이다, 걱정되다'의 気(き)になる를 헷갈리지 않도록 주의합시다.

117

最近(さいきん)スランプかな。

□□□

スランプ(슬럼프)는 한국어와 마찬가지로 '실력을 제대로 발휘하지 못하는 것'을 의미하며, '슬럼프에 빠지다'는 スランプに陥(おちい)る로 표현합니다.

118

前田(まえだ)さんをご飯(はん)にでも誘(さそ)ってみようかな。

□□□

ご飯(はん)に誘(さそ)う는 단순히 밥을 같이 먹는다는 의미보다는 데이트 신청에 가깝습니다.

119

お昼(ひる)何(なに)食(た)べようか迷(まよ)うな。

□□□

迷(まよ)う는 결정하지 못하고 고민하는 상황에서 자주 사용되며, 비슷한 의미로는 悩(なや)む(고민하다)가 있습니다.

120

ノーメイクで出社(しゅっしゃ)してもいいかなあ。

□□□

메이크업을 하지 않은 상태는 ノーメイク 또는 スッピン(쌩얼)으로 표현할 수 있습니다.

121~125.mp3

121

재택근무를 하지 않는 것이 불만일 때

그냥 재택근무해도 괜찮지 않아?

단어 힌트 別(べつ)に 별로, 특별히, 딱히 | テレワーク 재택근무

122

회의가 많아서 불평할 때

오늘 회의 너무 많지 않아?

단어 힌트 会議(かいぎ) 회의 | 多(おお)い 많다

123

만원전철이 불편할 때

만원전철은 진짜 최악이다.

단어 힌트 満員電車(まんいんでんしゃ) 만원전철 | 最悪(さいあく) 최악

124

출근하자마자 기분이 처질 때

아침부터 회의는 기분 처진다.

단어 힌트 朝(あさ) 아침

125

손님이 무례할 때

손님은 왕이 아니야.

단어 힌트 お客様(きゃくさま) 손님 | 神様(かみさま) 신

내가 생각한 문장과 비교해 보고
네이티브 표현을 그대로 흡수해 보세요!

121

別(べつ)にテレワークでよくない？

別(べつ)に～よくない？는 약간의 불만을 담은 질문으로,
'딱히 ~(도) 상관 없지 않아?'와 같은 뉘앙스입니다.

122

今日(きょう)会議(かいぎ)多(おお)すぎじゃない？

～すぎる는 '너무 ~하다'란 뜻으로,
い형용사에 접속할 경우는 어미 い를 삭제하고 すぎる를 붙이면 됩니다.

123

満員電車(まんいんでんしゃ)はマジで最悪(さいあく)。

マジ는 真面目(まじめ)의 준말로, '정말, 진짜'의 의미로 사용됩니다.

124

朝(あさ)から会議(かいぎ)はテンション下(さ)がる。

テンション(が)下(さ)がる는 '기분'을 뜻하는 テンション(tension)과
'떨어지다, 내려가다'의 下(さ)がる가 합쳐져 '기분이 처지다'란 표현이 되었습니다.

125

お客様(きゃくさま)は神様(かみさま)じゃない。

'손님은 왕이다'의 '왕'을 일본어로는 '신'을 의미하는 神様(かみさま)로 표현합니다.

126~130.mp3

126

□□□

성과를 가로챈 사람을 비난할 때

남의 성과를 아무렇지 않게 가로채지 마.

단어 힌트 手柄(てがら) 공로, 성과 | 平気(へいき) 개의치 않음, 태연함 | 横取(よこど)り 가로챔, 횡령

127

□□□

부적절한 옷차림의 직원을 봤을 때

뭔 놈의 차림새야.

단어 힌트 格好(かっこう) 모습, 볼품

128

□□□

야근이 계속될 때

오늘도 또 야근인가.

단어 힌트 また 또, 다시 | 残業(ざんぎょう) 잔업, 야근

129

□□□

항상 불평만 하는 사람을 봤을 때

저 사람은 항상 불평만 하네.

단어 힌트 文句(もんく) 불평, 이의

130

□□□

월급이 적어서 불만일 때

월급 실수령액이 너무 적다.

단어 힌트 給料(きゅうりょう) 월급, 급료 | 手取(てど)り 실수령액

내가 생각한 문장과 비교해 보고
네이티브 표현을 그대로 흡수해 보세요!

126

人の手柄を平気で横取りするな。

平気で～するは '아무렇지 않게 ～하다, 당연하다는 듯이 ～하다'라는 의미입니다.

127

なんて格好だ。

格好는 '모습, 모양' 외에 '차림새'를 의미하기도 합니다.

128

また今日も残業か。

한국어의 '야근'에 해당하는 단어는 夜勤이 아닌 残業입니다.
夜勤(야근)은 '야간 근무, 야간 업무'를 의미합니다.

129

あの人っていつも
文句ばっかりだね。

「명사+ばかり」는 '～만 (하고 있다), ～뿐(이다)'이란 뜻으로, 주로 불만이나 부정적인 의미로 사용되는 경우가 많습니다. ばかり를 ばっかり로 발음하면 강조하는 느낌이 강합니다.

130

給料の手取り少なすぎ。

手取り는 세금 등을 공제한 실수령 금액을 의미합니다. 한국어의 '세후'가 가장 비슷한 뜻입니다.

131~135.mp3

131

업무가 많아서 불만일 때

월말은 항상 바쁘네.

단어 힌트 月末(げつまつ) 월말

132

재택근무에 대해 불평할 때

재택근무는 역시 불편해.

단어 힌트 在宅勤務(ざいたくきんむ) 재택근무 | 不便(ふべん) 불편

133

이유를 알 수 없는 질책에 대해 불평할 때

지시대로 했는데 뭐가 문제인 거야?

단어 힌트 指示(しじ) 지시 | ~通(どお)り ~대로, ~와 같이 | ダメ 소용없음, 효과 없음, 안 됨

134

업무상 부당함에 대해 불평할 때

왜 항상 차를 내오는 건 나야?

단어 힌트 なんで 왜, 어째서 | お茶出(ちゃだ)し 차를 내옴

135

왜 혼나는 건지 알 수 없을 때

왜 나만 혼나는 거야.

단어 힌트 ~ばかり (오직) ~만 | 怒(おこ)られる 혼나다

내가 생각한 문장과 비교해 보고
네이티브 표현을 그대로 흡수해 보세요!

131

月末(げつまつ)はいつもバタバタしてるな。

忙(いそが)しい는 단순히 '바쁘다'라는 의미이며, バタバタ는 바빠서 허둥대는 모양에 가깝습니다.

132

在宅勤務(ざいたくきんむ)ってやっぱり不便(ふべん)だね。

やっぱり는 '역시'를 뜻하는 やはり를 강조하는 표현으로, 주로 일상 회화에서 자주 사용됩니다.

133

指示通(しじどお)りにやったのに
何(なに)がダメなわけ。

~通(どお)り는 '~에 따라서(~に従(したが)い), ~와 같이(~と同(おな)じ)' 등으로 해석됩니다.

134

なんでいつもお茶出(ちゃだ)しは私(わたし)なの。

お茶出(ちゃだ)し는 손님 접객, 회의 등의 상황에서 음료 등을 내오는 행위를 말합니다.

135

なんで私(わたし)ばっかり怒(おこ)られるの。

화자가 남자라면 私(わたし) 대신 俺(おれ), ~の 대신 ~んだ를 사용하는 경향이 있습니다.

136~140.mp3

136

원치 않는 메일이 왔을 때

참조에 나를 안 넣었으면 좋겠는데.

단어 힌트 入(い)れる 넣다

137

옷을 고르기 귀찮을 때

옷 고르는 거 귀찮다.

단어 힌트 服(ふく) 옷 | 選(えら)び 선택, 고르는 것

138

전부 다 귀찮을 때

아, 이제 싫다.

단어 힌트 もう 이제, 벌써 | 嫌(いや)だ 싫다

139

깐깐한 손님을 만났을 때

깐깐한 사람이네.

단어 힌트 細(こま)かい 세심하다, 미세하다

140

말투가 무례한 사람을 만났을 때

경어(존댓말)가 안 되는 사람 너무 많다.

단어 힌트 敬語(けいご) 경어, 존댓말 | 多(おお)い 많다

136

CC(シーシー)に私(わたし)を入(い)れないでほしいんだけどな。

~ないでほしい는 '~하지 않았으면 한다'라는 뜻의 요청, 부탁, 권고의 의미입니다.

137

服(ふく)選(えら)びが面倒(めんどう)くさい。

「명사+選(えら)び」는 '명사 고르는 것(행위)'를 의미합니다.

138

ああ、もうやだ。

やだ는 '싫다'란 뜻의 嫌(いや)だ를 구어체로 줄여 말한 표현입니다.

139

細(こま)かい人(ひと)だな。

細(こま)かい는 '세세하다, 세심하다'라는 의미이지만, 뉘앙스에 따라서 부정적인 느낌의 '깐깐하다'라는 의미를 갖기도 합니다.

140

敬語(けいご)できない人(ひと)多(おお)すぎ。

이 경우의 敬語(けいご)(が)できない는 '경어를 할 수 없다'보다 '경어를 잘 쓰지 않는다'란 의미로, 경어를 쓰지 않는 사람들에 대한 불평에 가깝습니다.

141~145.mp3

141

퇴근 후 술을 마시러 갈 때

금요일이니까 칼퇴해서 술 마시러 가야지!

단어 힌트 金曜日(きんようび) 금요일 | 定時(ていじ) 정시 | 帰(かえ)る 돌아가(오)다

142

기다리던 휴식 시간일 때

드디어 휴식이다!

단어 힌트 やっと 드디어 | 休憩(きゅうけい) 휴게, 휴식

143

칭찬을 받았을 때

부장님께 칭찬받는 일도 있네.

단어 힌트 部長(ぶちょう) 부장(님) | 褒(ほ)める 칭찬하다

144

계약이 성사됐을 때

계약 성사됐다!

단어 힌트 契約(けいやく) 계약 | 決(き)まる 정해지다, 결정되다

145

업무를 마무리했을 때

드디어 이번 달 할당량 끝났다!

단어 힌트 ノルマ (업무)기준량, 할당량 | 終(お)わる 끝나다

141

□□□

金曜日(きんようび)だし、定時(ていじ)で帰(かえ)って飲(の)みに行(い)こう！

定時(ていじ)で帰(かえ)る는 '정시에 퇴근하다', 즉 '칼퇴하다'를 의미합니다.

142

□□□

やっと休憩(きゅうけい)だ！

休憩(きゅうけい)는 '휴식, 쉬는 시간'을 의미하며, 주로 동사 取(と)る와 함께 休憩(きゅうけい)を取(と)る(휴식을 취하다, 휴식 시간을 갖다)로 사용됩니다.

143

□□□

部長(ぶちょう)に褒(ほ)められることもあるんだ。

'칭찬하다'의 褒(ほ)める를 수동형 동사로 바꾸면 褒(ほ)められる(칭찬받다)가 됩니다.

144

□□□

契約(けいやく)決(き)まった！

한국어와 마찬가지로 회화체에서는 조사 が를 생략하는 경우도 많습니다.

145

□□□

やっと今月(こんげつ)のノルマ終(お)わった！

ノルマ는 러시아어 'norma'에서 온 단어로 '할당량'을 의미합니다.

146~150.mp3

146

연휴가 시작될 때

내일부터 연휴다.

단어 힌트 連休(れんきゅう) 연휴

147

연차를 써서 여행을 가려고 할 때

연차 써서 여행이라도 가야지.

단어 힌트 有給(ゆうきゅう) 연차(유급 휴가) | 使(つか)う 사용하다 | 旅行(りょこう) 여행

148

승진해서 월급이 올랐을 때

승진도 했고 월급도 올랐고, 최고다!

단어 힌트 昇格(しょうかく) 승격, 승진 | 昇給(しょうきゅう) 월급이 오름 | 最高(さいこう) 최고

149

회사에 만족감을 느낄 때

이 회사 들어오길 진짜 잘했다.

단어 힌트 会社(かいしゃ) 회사 | 入(はい)る 들어오(가)다 | 本当(ほんとう)に 정말로

150

기본급이 올랐을 때

드디어 기본급 올랐다!

단어 힌트 基本給(きほんきゅう) 기본급 | 上(あ)がる 오르다, 올라가다

내가 생각한 문장과 비교해 보고
네이티브 표현을 그대로 흡수해 보세요!

146

明日(あした)から連休(れんきゅう)だ。

連休(れんきゅう)는 주로 3일 이상 휴일이 지속되는 경우를 말합니다.

147

有給(ゆうきゅう)使(つか)って旅行(りょこう)でも行(い)こっと。

行(い)こうっと를 行(い)こっと로 줄여서 말하기도 합니다.

148

昇格(しょうかく)もしたし、昇給(しょうきゅう)もしたし、
最高(さいこう)だ！

'승진'은 昇進(しょうしん) 외에 昇格(しょうかく)(승격)로 표현하기도 합니다.

149

この会社(かいしゃ)に入(はい)って本当(ほんとう)によかった。

～てよかった는 '~해서 다행이다(좋다, 잘했다)'로 해석합니다.

150

やっと基本給(きほんきゅう)上(あ)がった！

やっと에는 '겨우, 가까스로'라는 의미도 있어
'계속 안 오르다가 이제서야 올랐다'란 의미가 함축되어 있습니다.

망각방지 장치 1

하루만 지나도 학습한 내용의 50%는 잊어버립니다. 여러분은 몇 퍼센트나 잊어버렸을까요?
25개 표현을 입으로 말해 보고 생각나지 않는 표현은 제시된 번호로 돌아가 다시 확인해 보세요!

			○	×	복습
01	교통비 신청했던가?	＿＿＿申請(しんせい)したっけ？	□	□	101
02	연차 며칠 남았더라?	＿＿＿何日残(なんにちのこ)ってたっけ？	□	□	102
03	지연증명서 받아 왔던가?	＿＿＿持(も)ってきたっけ。	□	□	103
04	저 사람 승진 빠르네.	あの人(ひと)、＿＿＿早(はや)いな。	□	□	108
05	입사한 지 벌써 2년인가. 감회가 새롭네.	入社(にゅうしゃ)してもう二年(にねん)か。 ＿＿＿深(ぶか)いな。	□	□	110
06	회사 차를 개인 용도로 써도 괜찮으려나?	社用車(しゃようしゃ)を＿＿＿で 使(つか)ってもいいかな。	□	□	113
07	야근은 즉, 일을 못한다는 거잖아.	＿＿＿イコール 仕事(しごと)ができないってことでしょう。	□	□	115
08	요즘 슬럼프인가.	最近(さいきん)＿＿＿かな。	□	□	117
09	마에다 씨에게 밥 먹자고 해볼까?	前田(まえだ)さんをご飯(はん)にでも ＿＿＿みようかな。	□	□	118
10	점심 뭐 먹을지 고민되네.	お昼何食(ひるなにた)べようか＿＿＿な。	□	□	119
11	그냥 재택근무해도 괜찮지 않아?	＿＿＿テレワークでよくない？	□	□	121
12	아침부터 회의는 기분 처진다.	朝(あさ)から会議(かいぎ)は＿＿＿下(さ)がる。	□	□	124
13	손님은 왕이 아니야.	お客様(きゃくさま)は＿＿＿じゃない。	□	□	125

정답 01 交通費(こうつうひ) 02 有給(ゆうきゅう) 03 遅延証明書(ちえんしょうめいしょ) 04 昇進(しょうしん) 05 感慨(かんがい) 06 私用(しよう) 07 残業(ざんぎょう) 08 スランプ 09 誘(さそ)って 10 迷(まよ)う 11 別(べつ)に 12 テンション 13 神様(かみさま)

			○	✕	복습
14	남의 성과를 아무렇지 않게 가로채지 마.	人(ひと)の ____ を平気(へいき)で横取(よこど)りするな。	☐	☐	126
15	뭔 놈의 차림새야.	なんて ____ だ。	☐	☐	127
16	저 사람은 항상 불평만 하네.	あの人(ひと)っていつも ____ ばっかりだね。	☐	☐	129
17	왜 나만 혼나는 거야.	なんで私(わたし) ____ 怒(おこ)られるの。	☐	☐	135
18	아, 이제 싫다.	ああ、もう ____ 。	☐	☐	138
19	깐깐한 사람이네.	____ 人(ひと)だな。	☐	☐	139
20	금요일이니까 칼퇴해서 술 마시러 가야지!	金曜日(きんようび)だし、____ で帰(かえ)って飲(の)みに行(い)こう！	☐	☐	141
21	계약 성사됐다!	契約(けいやく) ____ ！	☐	☐	144
22	드디어 이번 달 할당량 끝났다!	やっと今月(こんげつ)の ____ 終(お)わった！	☐	☐	145
23	내일부터 연휴다.	明日(あした)から ____ だ。	☐	☐	146
24	승진도 했고 월급도 올랐고, 최고다!	____ もしたし、昇給(しょうきゅう)もしたし、最高(さいこう)だ！	☐	☐	148
25	이 회사 들어오길 진짜 잘했다.	この会社(かいしゃ)に入(はい)って本当(ほんとう)に ____ 。	☐	☐	149

맞은 개수: 25개 중 ____ 개

당신은 그동안 ____%를 잊어버렸습니다.
틀린 문장들은 다시 한번 보고 넘어가세요.

정답
14 手柄(てがら) 15 格好(かっこう) 16 文句(もんく) 17 ばっかり 18 やだ 19 細(こま)かい 20 定時(ていじ) 21 決(き)まった 22 ノルマ 23 連休(れんきゅう) 24 昇格(しょうかく) 25 よかった

151

업무 스케줄이 여유로울 때

마감까지 여유롭네.

단어 힌트 締(し)め切(き)り 마감, 마감일 | 余裕(よゆう) 여유

152

상사가 사무실에 없을 때

오늘은 부장님 없어서 편하네.

단어 힌트 部長(ぶちょう) 부장(님) | 楽(らく)だ 편안하다, 안락하다

153

일이 잘 풀릴 때

오늘은 일이 순조롭네.

단어 힌트 仕事(しごと) 일, 업무 | 順調(じゅんちょう)だ 순조롭다, 원만하다

154

인사 평가에 기대가 될 때

이번 인사 평가는 급여 인상도 기대해 볼 만하네.

단어 힌트 人事評価(じんじひょうか) 인사 평가 | 増給(ぞうきゅう) 월급이 오름 | 期待(きたい) 기대

155

아슬아슬하게 지각하지 않았을 때

지각 아슬아슬하게 안 했다!

단어 힌트 遅刻(ちこく) 지각 | ギリギリ 빠듯함, 아슬아슬한 모양 | セーフ 세이프

내가 생각한 문장과 비교해 보고
네이티브 표현을 그대로 흡수해 보세요!

151

締め切りまで余裕だね。

余裕だは '여유롭다' 외에도 자신 있거나 확신에 찬 상황에도 쓸 수 있습니다.

152

今日は部長いないから楽だな。

楽だ는 물리적인 편안함과 감정적인 편안함을 모두 포함합니다.

153

今日は仕事が順調だね。

'순조롭다'의 順調だ는 업무 외에도 이동, 인간 관계 등 넓은 범위에서 사용됩니다.

154

今回の人事評価は増給も期待できそうだ。

인사 평가 중 스스로 자신의 업무를 평가하는 것은 自己評価라고 합니다.

155

遅刻ギリギリセーフ！

ギリギリセーフ는 관용어구와 같은 표현으로, '아슬아슬하게 맞췄다'라는 뜻으로 사용됩니다.

156~160.mp3

156

쉬는 날이 많을 때

이번 달은 공휴일이 많네.

단어 힌트 今月(こんげつ) 이번 달 | 祝日(しゅくじつ) 공휴일, 축일

157

추가 수입이 생겼을 때

보너스도 들어왔겠다, 오늘은 사치 좀 부려볼까?

단어 힌트 贅沢(ぜいたく) 사치, 분에 넘치는 것

158

일당이 올랐을 때

이번 달부터 일당도 올랐네.

단어 힌트 ~から ~부터 | 日当(にっとう) 일당

159

회사 덕에 개인적인 이득을 봤을 때

회사 폰은 데이터 무제한이니까 이득이네.

단어 힌트 社用(しゃよう) 회사용 | 携帯(けいたい) 휴대전화 | データ 데이터 | 使(つか)う 사용하다

160

보고서가 한 번에 통과됐을 때

한 번에 보고서 통과됐다!

단어 힌트 一発(いっぱつ) 일발, 단번 | 報告書(ほうこくしょ) 보고서 | 通(とお)る 통과하다

156

□ □ □

今月(こんげつ)は祝日(しゅくじつ)が多(おお)いな。

祝日(しゅくじつ)는 한국의 '빨간 날'과 같은 뜻으로 생각하면 됩니다.

157

□ □ □

ボーナスも入(はい)ったし、今日(きょう)は贅沢(ぜいたく)しようかな。

贅沢(ぜいたく)는 '사치'에 국한되지 않고, '분에 넘치는 것, 고급스럽고 호화로운 것'을 뜻하기도 합니다.

158

□ □ □

今月(こんげつ)から日当(にっとう)も上(あ)がったぞ。

日当(にっとう)는 주로 출장 시 1일당 지급되는 금액을 말합니다.

159

□ □ □

社用携帯(しゃようけいたい)はデータ使(つか)い放題(ほうだい)だから得(とく)だな。

放題(ほうだい)는 동사의 ます형과 결합하여 '~하는 것을 마음껏 함, ~하는 것이 무제한임'과 같이 해석합니다.

160

□ □ □

一発(いっぱつ)で報告書(ほうこくしょ)通(とお)ったぞ！

通(とお)る는 물리적인 통과 외에도 '가결되다, 합격하다'의 의미로도 해석됩니다.

161~165.mp3

161 □□□

이유 없이 우울할 때

저기압이라 그런가, 오늘 뭔가 우울하네.

단어 힌트 低気圧(ていきあつ) 저기압 | うつ 우울

162 □□□

지방 발령을 걱정할 때

이대로라면 지방으로 좌천될지도.

단어 힌트 地方(ちほう) 지방 | 飛(と)ばす 날리다, 튀기다

163 □□□

혼날 것 같을 때

오늘 무조건 한소리 듣겠다.

단어 힌트 絶対(ぜったい) 무조건, 절대

164 □□□

업무 데이터가 삭제됐을 때

저장 안 했는데 전부 사라져 버렸다.

단어 힌트 保存(ほぞん) 보존, 저장 | 全部(ぜんぶ) 전부 | 消(き)える 사라지다, 꺼지다

165 □□□

날씨가 계속해서 좋지 않을 때

또 비냐, 기분 처진다.

단어 힌트 また 또 | テンション 텐션, 기분 | 下(さ)がる 내려가다, 떨어지다

내가 생각한 문장과 비교해 보고
네이티브 표현을 그대로 흡수해 보세요!

161

低気圧(ていきあつ)のせいか、
今日(きょう)なんかうつだわ。

'우울'을 직역하면 憂(ゆう)うつ이지만, うつ만으로도 '우울'을 표현하기도 하며, '우울증'은 うつ病(びょう)라고 합니다.

162

このままだと地方(ちほう)に
飛(と)ばされるかも。

飛(と)ばす의 사역수동형 동사인 飛(と)ばされる는 직역하면 '날려지다, 날림을 당하다'이지만,
비즈니스에서는 주로 업무상의 '좌천(전출)되다'를 의미합니다.

163

今日(きょう)絶対(ぜったい)言(い)われそう。

이 상황에서의 言(い)われる는 단순히 '말을 듣다'보다는 '잔소리를 듣다'에 가깝습니다.

164

保存(ほぞん)してないのに全部(ぜんぶ)
消(き)えちゃった。

데이터, 파일 등의 '저장'은 保存(ほぞん)(보존) 또는 セーブ(세이브)라고 합니다.

165

また雨(あめ)か、テンション下(さ)がるな。

また~か는 '또 ~(이)냐'와 같은 뉘앙스로 불만, 체념, 질책의 의미로 사용됩니다.

166~170.mp3

166

회사에 대한 불안감이 들 때

계속 이 회사에 있어도 괜찮으려나.

단어 힌트 ずっと 계속, 쭉 | 会社(かいしゃ) 회사 | いい 괜찮다, 좋다

167

일할 기분이 아닐 때

오늘은 일할 기분이 아니야.

단어 힌트 気分(きぶん) 기분

168

조퇴하고 싶을 때

컨디션 안 좋은데 조퇴할까?

단어 힌트 体調(たいちょう) 몸 상태, 컨디션 | 悪(わる)い 나쁘다, 좋지 않다 | 早退(そうたい) 조퇴

169

동료들 사이에서 소외감을 느낄 때

뭔가 나만 열외되는 듯한….

단어 힌트 なんか 뭔가 | 省(はぶ)く 덜다, 생략하다, 없애다 | ～ようだ ~인 것 같다

170

억울하게 오해받았을 때

아니, 땡땡이치고 있을 리가 없잖아.

단어 힌트 サボる 땡땡이치다, 게으름 피우다 | わけがない ~일 리가 없다, 이유가 없다

166

□□□

ずっとこの会社(かいしゃ)にいても いいのかなあ。

~かなは 종조사 か와 な가 합쳐진 표현으로, 자기 자신에게 묻거나 의지를 확인하는 뉘앙스로 사용됩니다.

167

□□□

今日(きょう)は仕事(しごと)する気分(きぶん)じゃないな。

「동사+気分(きぶん)」은 '~할 기분'으로 해석하며, 명사의 경우에는 「명사+の気分(きぶん)」이 됩니다.

168

□□□

体調悪(たいちょうわる)いし、早退(そうたい)しようかな。

'몸 상태가 좋지 않다'는 体調悪(たいちょうわる)い 외에도 体(からだ)の調子(ちょうし)が悪(わる)い 또는 体調不良(たいちょうふりょう)だ로 표현할 수 있습니다.

169

□□□

なんか私(わたし)だけ省(はぶ)かれたような…。

省(はぶ)く를 수동형 동사로 바꾼 省(はぶ)かれる는 '열외되다, 제외되다'의 의미가 되며, 학교, 회사 등에서는 무리에 끼지 못하는 것을 의미합니다.

170

□□□

いや、サボってるわけない でしょう。

サボる는 프랑스어 'sabotage(サボタージュ)'의 준말 サボ와 る의 합성어입니다. わけがない의 조사 が는 생략 가능합니다.

171

헤어진 사내 커플을 봤을 때

사내 연애의 결말은 지옥이네.

단어 힌트 社内恋愛(しゃないれんあい) 사내 연애 | 結末(けつまつ) 결말 | 地獄(じごく) 지옥

172

파벌 싸움이 일어났을 때

파벌 싸움 같은 것에는 말려들고 싶지 않아.

단어 힌트 派閥(はばつ) 파벌 | 争(あらそ)い 싸움 | 巻(ま)き込(こ)まれる 휘말리다, 연루되다

173

실업 급여가 나오지 않을 때

질병 퇴직인데 실업 급여 없는 건가?

단어 힌트 病気退職(びょうきたいしょく) 질병 퇴직 | 失業手当(しつぎょうてあて) 실업 급여

174

희망퇴직 제안을 받았을 때

희망퇴직이라니…. 결국 해고랑 같은 거잖아.

단어 힌트 希望退職(きぼうたいしょく) 희망퇴직 | 結局(けっきょく) 결국 | クビ 해고

175

특별 수당이 적을 때

상병 수당이 이렇게 적었었나?

단어 힌트 傷病(しょうびょう) 상병(부상과 질병) | 手当(てあて) 수당 | こんなに 이렇게 | 少(すく)ない 적다

내가 생각한 문장과 비교해 보고
네이티브 표현을 그대로 흡수해 보세요!

171

社内恋愛(しゃないれんあい)の結末(けつまつ)は地獄(じごく)だな。

한국어와 마찬가지로 일본어에서의 '지옥'도 '좋지 않은 상황, 최악의 결말'을 뜻합니다.

172

派閥争(はばつあらそ)いなんかには
巻(ま)き込(こ)まれたくないなあ。

巻(ま)き込(こ)まれる는 巻(ま)き込(こ)む(말려들게 하다, 끌어넣다)의 수동형 동사입니다.

173

病気退職(びょうきたいしょく)なのに
失業手当(しつぎょうてあて)なしなのか。

～なのに는 '～인데도 (불구하고)'란 뜻으로,
「A なのに B」의 경우, A와 B의 내용이 모순됨을 나타냅니다.

174

希望退職(きぼうたいしょく)って…、
結局(けっきょく)クビと一緒(いっしょ)でしょう。

～って는 ～というのは의 축약형으로
'～는, ～라고 하는 것은'으로 해석하는 것이 자연스럽습니다.

175

傷病手当(しょうびょうてあて)ってこんなに
少(すく)なかったっけ？

こんなに는 このように의 준말이고, ～っけ는 불확실한 일에 대한 의문 표현으로,
'～였었나?'로 해석하는 것이 자연스럽습니다.

176~180.mp3

176

자신의 직책에 대해 회의감이 들 때

관리직이라고 좋은 것만은 아니네.

단어 힌트 管理職(かんりしょく) 관리직

177

자신의 미래가 불투명할 때

이 회사에서는 앞이 안 보인다.

단어 힌트 先(さき) 앞, 선두 | 見(み)える 보이다

178

후배에게 밀리는 기분이 들 때

후배한테까지 뒤처지는 기분이다.

단어 힌트 後輩(こうはい) 후배 | 追(お)い抜(ぬ)かれる 뒤처지다

179

동기가 본인의 상사가 됐을 때

동기의 부하가 되는 것만큼 비참한 게 있나?

단어 힌트 同期(どうき) 동기 | 部下(ぶか) 부하 | ～ほど ～만큼, 정도 | 惨(みじ)め 비참함, 참혹함

180

사내 정치에 질렸을 때

과연, 이게 사내 정치란 건가.

단어 힌트 会社(かいしゃ) 회사 | 政治(せいじ) 정치

내가 생각한 문장과 비교해 보고
네이티브 표현을 그대로 흡수해 보세요!

176

管理職(かんりしょく)って、いいことばっかりじゃないね。

일본에서 '관리직'은 직원들을 관리, 감독하는 직급을 뜻하며,
주로 과장 이상이 관리직으로 여겨지는 경우가 많습니다.

177

この会社(かいしゃ)じゃ先(さき)が見(み)えないな。

先(さき)が見(み)えない는 예측 불가능한 상황 또는 부정적인 상황에서
'한 치 앞도 알 수 없다, 절망적이다'와 같은 의미로 통용됩니다.

178

後輩(こうはい)にまで追(お)い抜(ぬ)かれてる気分(きぶん)だ。

追(お)い抜(ぬ)かれる는 追(お)い抜(ぬ)く(따라잡다, 추월하다)의 수동형 동사입니다.

179

同期(どうき)の部下(ぶか)になることほど惨(みじ)めなことって、ある?

자신에게 되물음으로 '동기의 부하가 되는 것보다 비참한 것은 없다'란 자조적인 표현이 됩니다.
'비참하다'는 悲惨(ひさん)だ로도 표현할 수 있습니다.

180

なるほど、これが会社政治(かいしゃせいじ)ってことか。

なるほど는 깨달음이나 상대의 말에 맞장구칠 때 사용하는 표현으로,
단독으로 사용될 때는 '그렇구나'로 해석하는 것이 가장 자연스럽습니다.

181~185.mp3

181

직장인들로 가득한 광경을 봤을 때

신바시는 항상 회사원 천지네.

단어 힌트 新橋(しんばし) 신바시(도쿄의 지명) | サラリーマン 샐러리맨, 직장인 | だらけ 투성이

182

일을 엉뚱하게 하는 직원을 봤을 때

매뉴얼대로 하면 되는 건데.

단어 힌트 マニュアル 매뉴얼 | ~通(どお)り ~대로, ~듯이 | やる 하다

183

상사가 기분이 좋아 보일 때

사장님 뭔가 오늘 기분 좋아 보이네.

단어 힌트 社長(しゃちょう) 사장(님) | 機嫌(きげん) 기분

184

작은 일탈이 하고 싶을 때

잠시 땡땡이치자.

단어 힌트 サボる 땡땡이치다, 게으름 피우다

185

시간이 빨리 지나간다고 느낄 때

벌써 목요일인가, 일주일 진짜 빠르네.

단어 힌트 もう 이미, 벌써 | 木曜日(もくようび) 목요일 | 一週間(いっしゅうかん) 일주일 | 早(はや)い 빠르다

181

新橋(しんばし)はいつもサラリーマンだらけだな。

「명사+だらけ」는 '명사가 가득한 것, 명사 투성이'의 의미로, 약간의 부정적인 뉘앙스를 내포합니다.

182

マニュアル通(どお)りにやればいいのに。

~ば는 'A하면 B할 것이다'라는 뜻의 조건·가정형 표현입니다.
'매뉴얼대로 하면 될걸…'과 같은 부정적 뉘앙스가 담긴 투정에 가깝습니다.

183

社長(しゃちょう)、なんか今日(きょう)機嫌(きげん)良(よ)さそうだな。

い형용사의 양태를 나타내는 ~そうだ(~인 것 같다)는 어미 い가 탈락한 어간에 접속하는데, 良(よ)い·ない의 경우에는 さ를 포함하여 良(よ)さそうだ·なさそうだ로 활용됩니다.

184

ちょっとサボろう。

サボる는 프랑스어 サボタージュ(sabotage)에서 유래된 표현으로, 일, 학업 등을 게을리하거나 참여하지 않는 것을 말합니다. 비슷한 표현으로는 怠(おこた)る(게으름을 피우다)가 있습니다.

185

もう木曜日(もくようび)か、一週間(いっしゅうかん)早(はや)すぎ。

'너무 ~하다'의 ~すぎる가 い형용사에 접속할 경우에는 어간에 접속합니다.

186~190.mp3

186

사내 연애를 하는 커플을 봤을 때

사내 연애 뭔가 즐거워 보이네.

단어 힌트 社内恋愛(しゃないれんあい) 사내 연애 | 楽(たの)しい 즐겁다

187

귀찮은 일을 미루고 싶을 때

경비 정산은 내일 하자.

단어 힌트 経費精算(けいひせいさん) 경비 정산

188

업무를 준비할 때

회의 자료라도 훑어봐 두자.

단어 힌트 会議資料(かいぎしりょう) 회의 자료 | 目(め)を通(とお)す 대강 훑어보다 | おく 두다

189

생각 외로 많은 휴가를 받았을 때

백신 휴가로 이틀이라니 고맙네.

단어 힌트 ワクチン 백신 | 休暇(きゅうか) 휴가 | ～とは ～라니, ~하다니 (뜻밖임을 강조) | ありがたい 감사하다

190

생각 외의 휴가를 받았을 때

친척 결혼식도 휴가를 받을 수 있구나.

단어 힌트 親戚(しんせき) 친척 | 結婚式(けっこんしき) 결혼식 | 休(やす)み 휴일 | もらう 받다

내가 생각한 문장과 비교해 보고
네이티브 표현을 그대로 흡수해 보세요!

186

社内恋愛(しゃないれんあい)ってなんか楽(たの)しそうだな。

い형용사의 양태를 나타내는 ～そうだ(~인 것 같다)는 어미 い가 탈락한 어간에 접속합니다.
위의 문장에서는 '즐거워 보이네'와 같은 뉘앙스로 부러움을 나타냅니다.

187

経費精算(けいひせいさん)は明日(あした)にしよう。

経費精算(けいひせいさん)은 업무상의 교통비, 출장 숙박비 등에 소요된 비용을
회사에 신청하여 되돌려 받는 것을 말합니다.

188

会議資料(かいぎしりょう)にでも目(め)を通(とお)しておこう。

～ておこう는 ～ておく(~해 두다)의 의지형 표현으로,
'~해 두자, ~해 둬야지'라는 뜻이 됩니다.

189

ワクチン休暇(きゅうか)が二日(ふつか)とは
ありがたい。

ありがたい는 원래 '좀처럼 없다'란 뜻이었지만, 지금은 고마움과 기쁜 마음을 나타내거나
또 두려운 마음을 나타낼 때 사용합니다.

190

親戚(しんせき)の結婚式(けっこんしき)も休(やす)みもらえるんだ。

もらえる는 もらう의 가능형 동사로, 이 문장에서는
휴가를 받을 수 있음을 알게 되어 놀라는 경탄의 의미를 갖고 있습니다.

191~195.mp3

191

어색한 사람과 있을 때

가네코 씨랑은 뭔가 항상 어색해.

단어 힌트 なにか 뭔가, 어쩐지 | いつも 항상 | 気(き)まずい 어색하다, 서먹서먹하다

192

실수했을 때

실수했다!

단어 힌트 ミスる 미스(miss)를 저지르다, 실수하다

193

휴식 공간이 필요할 때

우리도 프리 스페이스가 있으면 좋을 텐데.

단어 힌트 うち 우리(내가 포함된 집단) | フリースペース 프리 스페이스, 자유 공간

194

전철의 인명 사고에 휘말렸을 때

최근에 전철 인명 사고가 많네.

단어 힌트 最近(さいきん) 최근 | 電車(でんしゃ) 전철 | 人身事故(じんしんじこ) 인명 사고

195

통근 시간이 길다고 느껴질 때

통근 시간이 제일 아까워.

단어 힌트 通勤(つうきん) 통근 | 時間(じかん) 시간 | 一番(いちばん) 가장, 제일 | もったいない 아깝다

내가 생각한 문장과 비교해 보고
네이티브 표현을 그대로 흡수해 보세요!

191

金子(かねこ)さんとはなんかいつも
気(き)まずいんだよな。

なんかは なにか의 축약된 표현입니다.

192

ミスった！

メモる(메모하다), タクる(택시를 타다)와 같이
명사에 る를 붙여 동사로 취급하는 경우도 있습니다.

193

うちもフリースペースがあったら
いいのに。

うちは 가족, 회사 등 자신이 소속되어 있는 집단을 말합니다.

194

最近(さいきん)、電車(でんしゃ)の人身事故(じんしんじこ)多(おお)いね。

부상, 사망 등의 인명 피해가 난 교통사고를 人身事故(じんしんじこ)라고 합니다.

195

通勤時間(つうきんじかん)が一番(いちばん)もったいない。

もったいない는 '아깝다' 외에 '과분하다'란 뜻도 있습니다.
예를 들어, 私(わたし)にはもったいない人(ひと)는 '나에게는 과분한 사람'이라는 뜻이 됩니다.

196~200.mp3

196

메일함을 정리할 때

답장 안 한 메일로 용량이 가득 차 버렸네.

단어 힌트 返(かえ)す 돌려주다 | メール 이메일 | 容量(ようりょう) 용량

197

재택근무가 길어질 때

재택근무도 슬슬 질린다.

단어 힌트 テレワーク 재택근무 | そろそろ 슬슬 | 飽(あ)きる 질리다, 싫증나다

198

큰 실수를 했을 때

아, 망했다.

단어 힌트 終(お)わる 끝나다, 끝장나다

199

단골손님이 늘었을 때

단골손님이 늘어난 기분이야.

단어 힌트 常連(じょうれん) 단골 | 増(ふ)える 늘다, 증가하다

200

여성 임원이 많다고 느낄 때

우리 회사는 여성 임원이 많네.

단어 힌트 女性(じょせい) 여성 | 役員(やくいん) 임원, 간부, 중역

196

返(かえ)してないメールで容量(ようりょう)が
いっぱいになっちゃった。

返(かえ)すは '돌려주다'라는 의미이지만, 이메일, 문자 메시지 등의 경우에는 '답장하다'란 뜻이 됩니다.

197

テレワークもそろそろ
飽(あ)きてきたな。

~てくるは 방향성, 동작의 계속이나 변화 등을 나타냅니다.
이 문장의 경우에는 질려가는 변화를 뜻합니다.

198

あ、終(お)わった。

終(お)わるは 흔히 속된 표현으로 '망했다'라는 뜻을 내포하기도 합니다.

199

常連(じょうれん)のお客(きゃく)さんが増(ふ)えた気(き)がする。

気(き)がするは '~한 기분이 들다, ~한 느낌이다'란 뜻으로, 추측이나 느낌을 나타내는 표현입니다.

200

うちの会社(かいしゃ)は女性役員(じょせいやくいん)が多(おお)いね。

役(やく)는 '직책, 직무'란 뜻으로, 役員(やくいん)은 그 직무를 맡은 사람,
즉 책임자의 위치에 있는 사람을 말합니다.

망각방지 장치 1

하루만 지나도 학습한 내용의 50%는 잊어버립니다. 여러분은 몇 퍼센트나 잊어버렸을까요?
25개 표현을 입으로 말해 보고 생각나지 않는 표현은 제시된 번호로 돌아가 다시 확인해 보세요!

			○	✕	복습
01	마감까지 여유롭네.	______まで余裕(ようゆう)だね。	□	□	151
02	오늘은 일이 순조롭네.	今日(きょう)は仕事(しごと)が______だね。	□	□	153
03	지각 아슬아슬하게 안 했다!	遅刻(ちこく)______セーフ！	□	□	155
04	이번 달은 공휴일이 많네.	今月(こんげつ)は______が多(おお)いな。	□	□	156
05	보너스도 들어왔겠다, 오늘은 사치 좀 부려볼까?	ボーナスも入(はい)ったし、今日(きょう)は______しようかな。	□	□	157
06	회사 폰은 데이터 무제한이니까 이득이네.	社用携帯(しゃようけいたい)はデータ______だから得(とく)だな。	□	□	159
07	저기압이라 그런가, 오늘 뭔가 우울하네.	低気圧(ていきあつ)のせいか、今日(きょう)なんか______だわ。	□	□	161
08	이대로라면 지방으로 좌천될지도.	このままだと地方(ちほう)に______かも。	□	□	162
09	컨디션 안 좋은데 조퇴할까?	体調悪(たいちょうわる)いし、______しようかな。	□	□	168
10	뭔가 나만 열외되는 듯한….	なんか私(わたし)だけ______ような…。	□	□	169
11	아니, 땡땡이치고 있을 리가 없잖아.	いや、______わけないでしょう。	□	□	170
12	파벌 싸움 같은 것에는 말려들고 싶지 않아.	派閥争(はばつあらそ)いなんかには______たくないなあ。	□	□	172
13	희망퇴직이라니…, 결국 해고랑 같은 거잖아.	希望退職(きぼうたいしょく)って…、結局(けっきょく)______と一緒(いっしょ)でしょう。	□	□	174

정답
01 締(し)め切(き)り 02 順調(じゅんちょう) 03 ギリギリ 04 祝日(しゅくじつ) 05 贅沢(ぜいたく) 06 使(つか)い放題(ほうだい) 07 うつ 08 飛(と)ばされる
09 早退(そうたい) 10 省(はぶ)かれた 11 サボってる 12 巻(ま)き込(こ)まれ 13 クビ

			○	✕	복습
14	관리직이라고 좋은 것만은 아니네.	＿＿＿＿って、いいことばっかりじゃないね。	☐	☐	176
15	후배한테까지 뒤처지는 기분이다.	後輩(こうはい)にまで＿＿＿＿てる気分(きぶん)だ。	☐	☐	178
16	과연, 이게 사내 정치란 건가.	＿＿＿＿、これが会社政治(かいしゃせいじ)ってことか。	☐	☐	180
17	신바시는 항상 회사원 천지네.	新橋(しんばし)はいつもサラリーマン＿＿＿＿だな。	☐	☐	181
18	매뉴얼대로 하면 되는 건데.	＿＿＿＿通(どお)りにやればいいのに。	☐	☐	182
19	경비 정산은 내일 하자.	＿＿＿＿精算(せいさん)は明日(あした)にしよう。	☐	☐	187
20	회의 자료라도 훑어봐 두자.	会議資料(かいぎしりょう)にでも目(め)を＿＿＿＿ておこう。	☐	☐	188
21	백신 휴가로 이틀이라니 고맙네.	ワクチン休暇(きゅうか)が二日(ふつか)とは＿＿＿＿。	☐	☐	189
22	가네코 씨랑은 뭔가 항상 어색해.	金子(かねこ)さんとはなんかいつも＿＿＿＿んだよな。	☐	☐	191
23	실수했다!	＿＿＿＿った！	☐	☐	192
24	재택근무도 슬슬 질린다.	テレワークもそろそろ＿＿＿＿きたな。	☐	☐	197
25	아, 망했다.	あ、＿＿＿＿。	☐	☐	198

맞은 개수: 25개 중 ＿＿ 개

당신은 그동안 ＿＿＿%를 잊어버렸습니다.
틀린 문장들은 다시 한번 보고 넘어가세요.

정답 14 管理職(かんりしょく) 15 追(お)い抜(ぬ)かれ 16 なるほど 17 だらけ 18 マニュアル 19 経費(けいひ) 20 通(とお)し 21 ありがたい 22 気(き)まずい 23 ミス 24 飽(あ)きて 25 終(お)わった

망각방지 장치 2

일주일이 지나면 학습한 내용의 70%를 잊어버립니다.
여러분은 몇 퍼센트나 기억하고 있을까요? 대화문으로 확인해 보세요.

011 동료와 연차 사용에 대해 이야기할 때

kaiwa 011.mp3

A 今年(ことし)の 연차 며칠 남았더라? 102

B 先月(せんげつ)でリセットされたから、
15日(じゅうごにち)はあるんじゃない？

A ああ、確(たし)かに。じゃあ、今週(こんしゅう)使(つか)おっかな。

B 先週(せんしゅう)も有給(ゆうきゅう)使(つか)わなかったっけ？
월 2회 연차는 아무래도 무리 아니야? 104

단어 確(たし)かに 분명히, 확실히, 그러게

012 동료와 통근 방법에 대해 이야기할 때

kaiwa 012.mp3

A 明日(あした)から 자전거로 통근해 볼까? 112

B この暑(あつ)さで？ 今(いま)8月(はちがつ)だよ？ 車(くるま)もらったでしょう。

A 회사 차를 개인 용도로 써도 괜찮으려나…. 113

B 営業(えいぎょう)なら問題(もんだい)ないでしょう。

단어 暑(あつ)さ 더위 | 営業(えいぎょう) 영업

011

A 올해 有給(ゆうきゅう)何日(なんにち)残(のこ)ってたっけ。102

B 지난달에 리셋됐으니까,
15일은 있는 거 아니야?

A 아, 그러네. 그럼, 이번 주에 쓸까?

B 지난주도 연차 쓰지 않았어?
月(つき)2回(にかい)の有給(ゆうきゅう)はさすがに無理(むり)なんじゃない？104

012

A 내일부터 自転車(じてんしゃ)で通勤(つうきん)してみようかな。112

B 이 더위에? 지금 8월인데? 차 받았잖아.

A 社用車(しゃようしゃ)を私用(しよう)で使(つか)ってもいいのかな…。113

B 영업(부)은 문제 없을걸.

013 퇴근 후에 뭘 할지 고민할 때

kaiwa 013.mp3

A　明日から３連休だし、今日 퇴근하면 뭐 하지? [114]

B　前田さんを 밥 먹자고 해 보지 그래? [118]

A　前田さん、彼氏できたんだって。
しかもうちの会社。

B　えっ、本当？ 誰？

단어 連休(れんきゅう) 연휴 | しかも 게다가

014 깐깐한 손님에 대해 불평할 때

kaiwa 014.mp3

A　ほんっと 깐깐한 사람이네. [139]

B　また来たの、あの人？

A　손님은 왕이 아닌데 말이지. [125]
しかも、何も買ってないのに何がお客様よ。

B　まあ、落ち着いて。

단어 落(お)ち着(つ)く 진정되다, 안정되다

013

A　내일부터 3일 연휴인데, 오늘 帰(かえ)ったら何(なに)しようかな。 114

B　마에다 씨에게 ご飯(はん)にでも誘(さそ)ってみたら？ 118

A　마에다 씨 남자친구 생겼대.
심지어 우리 회사.

B　에, 정말? 누구?

014

A　진짜 細(こま)かい人(ひと)だな。 139

B　또 왔어, 그 사람?

A　お客様(きゃくさま)は神様(かみさま)じゃないのに。 125
게다가 아무것도 안 샀는데 뭐가 손님이야.

B　자, 진정해.

015 동료의 옷차림이 이상할 때

kaiwa 015.mp3

A　一体(いったい) 뭔 놈의 차림새 하고 있는 거야? 127

B　別(べつ)にいいでしょう。うち服装(ふくそう)自由(じゆう)なんだし。

A　だからって、パーカーに半(はん)ズボンはさすがにねえ…。

B　もう 옷 고르는 게 귀찮아서. 137

단어　一体(いったい) 대체 | パーカー 후드티

016 상사에게 혼나서 기분이 좋지 않을 때

kaiwa 016.mp3

A　왜 いつも 나만 혼나는 거야. 135

B　また課長(かちょう)に何(なに)か言(い)われたの？

A　아, 이제 싫다. 138 転職(てんしょく)したい。

B　もうちょっと冷静(れいせい)に考(かんが)えなよ。

단어　転職(てんしょく) 이직 | 冷静(れいせい) 냉정

015

A 대체 なんて格好(かっこう)してるの？ 127

B 뭐 어때. 우리 회사 복장 자유인데.

A 그렇다고 해도 후드티에 반바지는 아무래도….

B 이제 服選(ふくえら)びが面倒(めんどう)くさくてさ。 137

016

A なんで 항상 私(わたし)ばっかり怒(おこ)られるんだ。 135

B 또 과장님한테 무슨 말 들었어?

A ああ、もうやだ。 138 이직하고 싶다.

B 조금 더 냉정하게 생각해.

017 왠지 모르게 일이 잘 풀릴 때

kaiwa 017.mp3

A 한 번에 보고서 통과됐다! 160

B すごいじゃん！

A 何か(なに) 오늘은 일이 순조롭네. 153

B 今日(きょう)は部長(ぶちょう)いないからじゃない？

단어 報告書(ほうこくしょ) 보고서

018 동료와 회사 내에서의 불안한 입지에 대해 이야기할 때

kaiwa 018.mp3

A 須田(すだ)さんやめたんだって。
まさかの30代(さんじゅうだい)のリストラ？

B 관리직이라고 좋은 것만은 아니네. 176

A 責任(せきにん)だけ増(ふ)えて、役職手当(やくしょくてあて)はほぼないのと
一緒(いっしょ)だからね。

B 이 회사에서는 앞이 안 보인다. 177

단어 リストラ 구조 조정, 정리해고 | 役職手当(やくしょくてあて) 직급 수당

017

A 一発で報告書通ったぞ！ 160

B 대단하네!

A 뭔가 今日は仕事が順調だね。 153

B 오늘은 부장님 없어서 그런 거 아냐?

018

A 스다 씨 그만뒀대.
설마 했던 30대의 구조 조정?

B 管理職って、いいことばっかりじゃないね。 176

A 책임만 늘어나고 직급 수당은 거의 없는 것과
마찬가지니까.

B この会社じゃ先が見えないな。 177

019 자신의 업무 능력에 부족함을 느꼈을 때

kaiwa 019.mp3

A　私、계속 이 회사에 있어도 괜찮으려나. 166

B　いきなりどうしたの？

A　同期には先を越されて、後輩には追い抜かれて、結局、自分の居場所はなくなるんじゃないかと思ってさ。
이대로라면 지방으로 좌천될지도 몰라. 162

단어 いきなり 갑자기, 느닷없이 | 居場所(いばしょ) 있을 곳, 설 자리

020 통근 시간이 긴 것에 대해 불만일 때

kaiwa 020.mp3

A　いつも思うけど、통근 시간이 제일 아까워. 195

B　だよね。今日は人身事故で会社まで1時間もかかったよ。

A　최근에 전철 인명 사고가 많네. 194
ＪＲで通勤してるの？

B　うん。5駅なのに1時間ってやばいでしょう？

단어 通勤(つうきん) 통근 | やばい 심하다, 위험하다

019

A　나, ずっとこの会社(かいしゃ)にいてもいいのかなあ。166

B　갑자기 무슨 일이야?

A　동기들에게는 뒤처지고, 후배들에게는 밀려나서,
결국 내가 설 자리는 없어질 것 같아서.
このままだと地方(ちほう)に飛(と)ばされるかも知れないね。162

020

A　항상 생각하는 거지만,
通勤時間(つうきんじかん)が一番(いちばん)もったいない。195

B　그렇지? 오늘은 인명 사고로 회사까지
한 시간이나 걸렸어.

A　最近(さいきん)、電車(でんしゃ)の人身事故(じんしんじこ)が多(おお)いね。194
JR로 통근해?

B　응. 다섯 정거장인데 한 시간이라니 심하지 않아?

Part 3

직장인이 상사와 말할 때 쓰는 **회사 생활 / 업무 표현 100**

네이티브가 직장에서 상사와 말할 때 쓰는 표현들 중에서 활용 빈도가 가장 높고 바로 써먹을 수 있는 표현들만을 엄선해서 모았습니다. 기본적인 인사말에서 사적인 이야기에 쓸 수 있는 표현은 물론, 업무와 관련된 보고와 명령, 그에 대응하는 대답 표현까지 다양하게 담았습니다.

201

출근 후 첫 인사를 할 때

좋은 아침입니다.

202

출근/퇴근하는 상사에게 인사할 때

수고 많으십니다.

203

외출하는 상사에게

다녀오세요.

204

외출 후 돌아온 상사에게

잘 다녀오셨습니까?

단어 힌트 帰(かえ)る 돌아오(가)다

205

외출할 때

다녀오겠습니다.

단어 힌트 行(い)ってくる 다녀오다

201 □□□

おはようございます。

흔히 아침 인사말로 알려져 있지만, 시간대에 관계없이 쓰이기도 합니다.
오후에 출근한다고 해도 그것이 당일 첫 출근이면 おはようございます로 인사합니다.

202 □□□

お疲(つか)れ様(さま)です。

상대가 퇴근할 때 건네는 인사말로 お疲(つか)れ様(さま)です와 お疲(つか)れ様(さま)でした 모두 사용할 수 있습니다.

203 □□□

行(い)ってらっしゃい。

외출하는 상사에게 건네는 인사말이며, 行(い)ってらっしゃい는 行(い)っていらっしゃい에서
い가 생략된 준말인데, 대부분의 일본인은 이 준말을 사용합니다.

204 □□□

お帰(かえ)りなさい。

외출 후 돌아온 상사에게 건네는 인사말로
お帰(かえ)りなさい 대신에 お疲(つか)れ様(さま)でした를 쓰기도 합니다.

205 □□□

行(い)ってきます。

본인이 외근 후에 다시 사무실로 돌아올 예정일 때 쓰는 인사말입니다.

206~210.mp3

206

□ □ □

외출 후 사무실로 복귀했을 때

(지금 막) 다녀왔습니다.

단어 힌트 ただいま 지금 막 | 戻(もど)る 되돌아오(가)다

207

□ □ □

상사보다 먼저 퇴근할 때

먼저 실례(퇴근)하겠습니다.

단어 힌트 失礼(しつれい) 실례

208

□ □ □

배려에 대한 감사 인사를 할 때

신경 써 주셔서 감사합니다.

단어 힌트 気遣(きづか)い 마음 씀, 걱정

209

□ □ □

상대가 도움을 주었을 때

큰 도움이 되었습니다.

단어 힌트 助(たす)かる 도움이 되다

210

□ □ □

상사가 감사를 표했을 때

당치도 않습니다.

단어 힌트 とんでもない 터무니없다, 당치도 않다

내가 생각한 문장과 비교해 보고
네이티브 표현을 그대로 흡수해 보세요!

206

ただいま戻(もど)りました。

본인이 외근 후에 다시 사무실로 돌아왔을 때 쓰는 인사말입니다.
ただいま는 생략해도 문제 없습니다.

207

お先(さき)に失礼(しつれい)します。

상사보다 먼저 퇴근할 때 쓰이는 인사말입니다.
상사와 친한 사이라면 간단하게 お先(さき)です로 표현하기도 합니다.

208

お気遣(きづか)いありがとうございます。

'신경 씀, 배려'를 뜻하는 다른 단어로는 ご配慮(はいりょ), お心配(こころくば)りが 있습니다.

209

とても助(たす)かりました。

인사말로 쓰이는 助(たす)かる는 '도와줘서 감사하다'라는 의미가 포함되어 있습니다.

210

とんでもないです。

조금 더 정중하게 말하고 싶을 때는 とんでもございません으로 표현합니다.

211~215.mp3

211

상사를 기다리게 할 때

잠깐 기다려 주세요.

단어 힌트 しばらく 잠깐 | 待(ま)つ 기다리다

212

기다리게 한 것을 사과할 때

기다리게 해서 죄송해요.

단어 힌트 待(ま)たせる 기다리게 하다

213

상사의 말에 맞장구칠 때

말씀하신 그대로입니다.

단어 힌트 おっしゃる 말씀하시다 | ~通(とお)り ~대로, ~와 같이

214

상사의 말에 납득할 때

그렇군요, 맞는 말씀이세요.

단어 힌트 なるほど 정말, 과연 | その通(とお)り 그대로, 그렇고 말고요

215

상사의 말에 감탄할 때

역시네요.

단어 힌트 さすが 역시, 정말

내가 생각한 문장과 비교해 보고
네이티브 표현을 그대로 흡수해 보세요!

211

しばらくお待(ま)ちください。

「お＋동사의 ます형＋ください」는 존경의 의뢰 표현으로 '~해 주십시오'라는 표현입니다.

212

お待(ま)たせしました。

더 정중하게 말하고 싶을 때는 お待(ま)たせいたしましたで 표현합니다.

213

おっしゃる通(とお)りです。

おっしゃる는 言(い)う(말하다)의 존경어입니다.

214

なるほど、その通(とお)りですね。

なるほど는 '과연, 그렇군요'와 같은 리액션으로 이해하면 쉽습니다.

215

さすがですね。

「さすが(は)＋사람ですね」의 형태는 상대를 존경, 경탄하는 의미로 쓰입니다.
예를 들어 さすが(は)部長(ぶちょう)ですね！는 '역시 부장님이네요!'로 해석할 수 있습니다.

216~220.mp3

216

상사의 기분이 좋아 보일 때

뭔가 좋은 일이라도 있으셨나요?

단어 힌트 何(なに)か 무언가

217

상사의 기분이 좋지 않아 보일 때

무슨 일 있으셨나요?

218

점심을 같이 먹자고 제안할 때

점심 같이 해도 될까요?

단어 힌트 お昼(ひる) 점심(식사) | 一緒(いっしょ) 동행, 함께 함

219

동석을 제안할 때

동석해도 괜찮을까요?

단어 힌트 同席(どうせき) 동석

220

술자리를 제안할 때

지금부터 한잔 어때요?

단어 힌트 今(いま) 지금 | 一杯(いっぱい) 한잔

내가 생각한 문장과 비교해 보고
네이티브 표현을 그대로 흡수해 보세요!

216

何(なに)かいいことでもあったんですか。

어느 정도 친밀감, 유대감이 형성된 상사에게 사용하는 편이 좋습니다.

217

何(なに)かあったんですか。

「동사의 보통체+んです」는 회화체에서 사용되는 표현으로, 상대에게 설명을 요구하거나 자신이 이유를 설명할 때 쓰는 표현입니다.

218

お昼(ひる)ご一緒(いっしょ)してもいいですか。

ご一緒(いっしょ)する는 '함께 하다(가다)'라는 표현으로, 조금 더 격식을 차린 표현으로는 ご一緒(いっしょ)させていただく가 있습니다.

219

同席(どうせき)してもいいですか。

격식을 차려야 하는 상황에서는 ご一緒(いっしょ)させていただけますか로 말하는 게 좋습니다.

220

今(いま)から一杯(いっぱい)どうですか。

어느 정도 친밀감, 유대감이 형성된 상사에게 사용하는 편이 좋습니다.

221~225.mp3

221

회의에서 보고를 시작할 때

그 건에 대해서 보고 드리겠습니다.

단어 힌트 件(けん) 건 | ~について ~에 대해서 | 報告(ほうこく) 보고

222

부탁받은 업무를 완료했을 때

부탁한 자료는 메일로 보내 두었습니다.

단어 힌트 頼(たの)む 부탁하다 | 資料(しりょう) 자료 | メール 메일 | 置(お)く 두다

223

수정한 자료를 보고할 때

기획서 다시 만들었습니다.

단어 힌트 企画書(きかくしょ) 기획서 | 作(つく)り直(なお)す 다시 만들다

224

업무 완료를 보고할 때

상대방에게 전달해 드렸습니다.

단어 힌트 先方(せんぽう) 상대방, 상대 회사 | 伝(つた)える 전달하다

225

자료의 수정을 완료했을 때

송장 수정 끝났습니다.

단어 힌트 インボイス 인보이스, 송장 | 修正(しゅうせい) 수정

내가 생각한 문장과 비교해 보고
네이티브 표현을 그대로 흡수해 보세요!

221

その件(けん)についてご報告(ほうこく)します。

「ご＋한자어＋します」는 나를 낮춤으로써 상대를 높이는 겸양 표현입니다.

222

頼(たの)まれた資料(しりょう)はメールしておきました。

~ておく는 '~해 두다'라는 표현이며, 이때 おく는 히라가나로 표기합니다.

223

企画書(きかくしょ)作(つく)り直(なお)しました。

作(つく)り直(なお)す는 '만들다'의 作(つく)る와 '고치다, 정정하다'의 直(なお)す가 합쳐진 표현입니다.

224

先方(せんぽう)にお伝(つた)えしました。

비즈니스에서 先方(せんぽう)는 '상대, 상대 회사'를 의미합니다.

225

インボイスの修正(しゅうせい)終(お)わりました。

'끝나다'의 終(お)わる 외에 '끝마치다, 끝나게 하다'의 終(お)わらせる도 사용할 수 있습니다.

226~230.mp3

226

업무를 처리해 두겠다고 알릴 때

회의 자료는 인쇄해 두겠습니다.

단어 힌트▼ 会議(かいぎ) 회의 | 資料(しりょう) 자료 | 印刷(いんさつ) 인쇄

227

보고서 제출이 끝났을 때

조금 전에 보고서 올려 두었습니다.

단어 힌트▼ 先程(さきほど) 아까, 조금 전 | 報告書(ほうこくしょ) 보고서 | 上(あ)げる 올리다

228

상사가 부재중일 때의 업무를 보고할 때

상대 회사에서 회의 연락이 있었습니다.

단어 힌트▼ 打(う)ち合(あ)わせ 회의, 미팅 | 連絡(れんらく) 연락

229

손님의 방문을 보고할 때

내일 15시에 이시다 님이 방문하십니다.

단어 힌트▼ 来社(らいしゃ) 방문(상대가 자신의 회사에 오는 것)

230

지각할 것 같을 때

오늘은 조금 늦을지도 모르겠습니다.

단어 힌트▼ 今日(きょう) 오늘 | 少(すこ)し 조금 | 遅(おく)れる 늦다

226

会議(かいぎ)資料(しりょう)は印刷(いんさつ)しておきます。

일본어는 현재형 시제로 '~할 것이다'와 같은 미래 시제를 표현할 수 있습니다.

227

先程(さきほど)報告書(ほうこくしょ)上(あ)げときました。

上(あ)げる는 물리적인 올림 외에도 '서류를 올리다'와 같은 뜻으로도 사용됩니다.

228

先方(せんぽう)から打(う)ち合(あ)わせの連絡(れんらく)がありました。

打(う)ち合(あ)わせ는 '회의'를 뜻하는 다른 단어인 会議(かいぎ)에 비해 '상담'에 가까운 느낌입니다.

229

明日(あした)15時(じゅうごじ)に石田様(いしださま)がご来社(らいしゃ)されます。

손님이 자신의 회사에 방문하는 것은 来社(らいしゃ) 또는 来訪(らいほう)로 표현합니다.

230

今日(きょう)は少(すこ)し遅(おく)れるかもしれません。

遅(おく)れる는 동사, 遅(おそ)い(늦다)는 い형용사입니다. 헷갈리지 않도록 주의하세요.

231~235.mp3

231

자료 검토를 부탁할 때

검토 부탁드립니다.

단어 힌트 検討(けんとう) 검토

232

외근 나가는 것을 보고할 때

외근 다녀오겠습니다.

단어 힌트 外回(そとまわ)り 외근

233

점심을 먹으러 가는 것을 보고할 때

점심 먹고 오겠습니다.

단어 힌트 昼(ひる) 점심

234

바로 퇴근하는 것을 보고할 때

오늘은 바로 퇴근하겠습니다.

단어 힌트 直帰(ちょっき) 현지 퇴근

235

서류에 도장을 부탁할 때

도장을 찍어줄 수 있나요?

단어 힌트 ハンコを押(お)す 도장을 찍다

내가 생각한 문장과 비교해 보고
네이티브 표현을 그대로 흡수해 보세요!

231

ご検討お願いします。

ご/お(御)가 명사나 형용사 앞에 오면 경어가 됩니다.

232

外回り行ってきます。

'외근'을 뜻하는 다른 표현으로는 外出와 外勤이 있습니다.
外回り는 주로 영업 사원이 사용하는 표현입니다.

233

お昼行ってきます。

'밥'이라는 ご飯을 붙이지 않은 お昼만으로도 '점심 식사'를 뜻할 수 있습니다.

234

今日は直帰させていただきます。

させていただく는 させる(시키다)와 いただく(받다)의 두 가지 표현이 합쳐진 것으로,
상대에게 자신의 행동을 낮추는 표현이지만, 경우에 따라 통보하는 뉘앙스로 받아들여질 수도 있습니다.

235

ハンコを押してもらえますか。

ハンコ는 일반적인 '도장'을 의미하며, 印鑑은 '인감 도장'을 의미합니다.

236~240.mp3

236

승인을 부탁할 때

승인을 부탁드려도 될까요?

단어 힌트▼ 承認(しょうにん) 승인

237

질문의 대답을 부탁할 때

한 가지 질문하게 해주세요.

단어 힌트▼ 質問(しつもん) 질문

238

연차 승인을 부탁할 때

내일 연차를 써도 될까요?

단어 힌트▼ 有給(ゆうきゅう) 유급 휴가, 연차

239

반차 승인을 부탁할 때

오후부터 반차를 쓰고 싶은데요.

단어 힌트▼ 午後(ごご) 오후 | 半休(はんきゅう) 반차

240

일본어 검토를 부탁할 때

일본어 확인을 해주실 수 없을까요?

단어 힌트▼ チェック 확인, 체크

내가 생각한 문장과 비교해 보고
네이티브 표현을 그대로 흡수해 보세요!

236

承認(しょうにん)をお願(ねが)いできますか。

프로세스의 간결화로 인해 서류의 승인, 결재도 인터넷으로 진행하는 회사가 늘어났습니다.

237

一(ひと)つ質問(しつもん)させてください。

させてください는 사역 표현과 ～てください가 결합된 형태로
'～하게 해주세요'라는 뜻을 나타냅니다.

238

明日(あした)有給(ゆうきゅう)をいただいても
いいですか。

'받다'의 겸양어 いただく와 '～해도 됩니까?'의 ～てもいいですか가 합쳐진 표현입니다.

239

午後(ごご)から半休(はんきゅう)を
使(つか)いたいんですが。

～です처럼 단언하는 것보다는, ～ですが…로 말을 줄이는 것이
부탁과 허락을 구하는 뉘앙스에 가깝습니다.

240

日本語(にほんご)のチェックを
していただけませんか。

～ていただけませんか는 앞서 설명한 다른 부탁 표현보다 정중한 부탁 표현입니다.
주로 어려운 부탁이나 정중하게 예의를 갖추고 싶을 때 사용합니다.

241~245.mp3

241

상사가 자신에게 의논할 것이 있는 것 같을 때

무슨 일 있으세요?

단어 힌트 される 하시다

242

문제 여부를 물을 때

이걸로 문제 없을까요?

단어 힌트 問題(もんだい) 문제

243

세부 사항을 물을 때

세부 사항은 이걸로 괜찮으신가요?

단어 힌트 詳細(しょうさい) 자세한 내용, 세부 사항

244

시간이 있는지 물을 때

지금 시간 비어 있나요?

단어 힌트 空(あ)く 비다

245

시간이 있는지 물을 때

지금 시간 괜찮으신가요?

단어 힌트 時間(じかん) 시간

241 □□□

どうされましたか。

수동형 동사는 존경어로도 사용됩니다.
する(하다)의 수동형 동사는 される로 '하시다'라는 뜻이 됩니다.

242 □□□

これで問題ないでしょうか。

～ですか를 정중하게 표현한 것이 ～でしょうか입니다.

243 □□□

詳細はこれで大丈夫でしょうか。

詳細는 '자세한 사항'을 뜻하므로, 계약서의 경우에는 계약 조건, 기간 등이 될 수 있습니다.

244 □□□

今空いてますか。

空く는 시공간 모두 사용할 수 있습니다. '자리가 비다'는 席が空く로 표현할 수 있겠죠.

245 □□□

今お時間よろしいでしょうか。

よろしいでしょうか는 いいですか의 정중한 표현입니다.

246~250.mp3

246

지불 방식을 물을 때

착불로 괜찮으신가요?

단어 힌트 着払(ちゃくばら)い 착불

247

재고 처리 방법을 물을 때

재고 처리는 어떻게 할까요?

단어 힌트 在庫(ざいこ) 재고 | 処理(しょり) 처리

248

일정 변경 여부를 물을 때

스케줄 변경은 가능할까요?

단어 힌트 スケジュール 스케줄 | 変更(へんこう) 변경 | 可能(かのう) 가능

249

클레임 해결 방법을 물을 때

조금 전 클레임은 어떻게 하면 좋을까요?

단어 힌트 クレーム 클레임

250

하는 방법을 물을 때

하는 방법을 가르쳐 주실 수 있을까요?

단어 힌트 やり方(かた) 하는 방법 | 教(おし)える 가르치다

내가 생각한 문장과 비교해 보고
네이티브 표현을 그대로 흡수해 보세요!

246

着払(ちゃくばら)いでよろしいですか。

운임을 발송인이 지불하는 것은 元払(もとばら)い, 수신인이 지불하는 것은 着払(ちゃくばら)い입니다.

247

在庫処理(ざいこしょり)は
いかがいたしましょうか。

いかが는 どう의 정중한 표현입니다.

248

スケジュールの変更(へんこう)は
可能(かのう)でしょうか。

可能(かのう)でしょうか는 '가능합니까?'란 표현인 できますか보다 더 정중한 느낌입니다.

249

さっきのクレームはどうすれば
いいでしょうか。

すれば는 する의 조건·가정형 표현입니다.

250

やり方(かた)を教(おし)えていただけますか。

「동사의 ます형+方(かた)」는 '~하는 방법'이란 표현입니다.

망각방지 장치 1

하루만 지나도 학습한 내용의 50%는 잊어버립니다. 여러분은 몇 퍼센트나 잊어버렸을까요?
25개 표현을 입으로 말해 보고 생각나지 않는 표현은 제시된 번호로 돌아가 다시 확인해 보세요!

			○	✕	복습
01	다녀오세요.	＿＿＿＿。	□	□	203
02	잘 다녀오셨습니까?	＿＿＿＿。	□	□	204
03	(지금 막) 다녀왔습니다.	ただいま＿＿＿＿ました。	□	□	206
04	신경 써 주셔서 감사합니다.	＿＿＿＿ありがとうございます。	□	□	208
05	당치도 않습니다.	＿＿＿＿です。	□	□	210
06	말씀하신 그대로입니다.	＿＿＿＿通(とお)りです。	□	□	213
07	그렇군요, 맞는 말씀이세요.	なるほど、その＿＿＿＿ですね。	□	□	214
08	무슨 일 있으셨나요?	＿＿＿＿かあったんですか。	□	□	217
09	점심 같이 해도 될까요?	お昼(ひる)ご＿＿＿＿してもいいですか。	□	□	218
10	동석해도 괜찮을까요?	＿＿＿＿してもいいですか。	□	□	219
11	기획서 다시 만들었습니다.	企画書(きかくしょ)作(づく)り＿＿＿＿ました。	□	□	223
12	송장 수정 끝났습니다.	＿＿＿＿の修正(しゅうせい)終(お)わりました。	□	□	225
13	상대 회사에서 회의 연락이 있었습니다.	＿＿＿＿から打(う)ち合(あ)わせの連絡(れんらく)がありました。	□	□	228

정답 01 行(い)ってらっしゃい 02 お帰(かえ)りなさい 03 戻(もど)り 04 お気遣(きづか)い 05 とんでもない 06 おっしゃる 07 通(とお)り 08 何(なに) 09 一緒(いっしょ) 10 同席(どうせき) 11 直(なお)し 12 インボイス 13 先方(せんぽう)

			○ ✕	복습
14	내일 15시에 이시다 님이 방문하십니다.	明日15時に石田様が ご ____ されます。	☐ ☐	229
15	검토 부탁드립니다.	ご ____ お願いします。	☐ ☐	231
16	외근 다녀오겠습니다.	____ 行ってきます。	☐ ☐	232
17	오늘은 바로 퇴근하겠습니다.	今日は ____ させていただきます。	☐ ☐	234
18	도장을 찍어줄 수 있나요?	____ を押してもらえますか。	☐ ☐	235
19	한 가지 질문하게 해주세요.	一つ質問 ____ ください。	☐ ☐	237
20	일본어 확인을 해주실 수 없을까요?	日本語の ____ を していただけませんか。	☐ ☐	240
21	이걸로 문제 없을까요?	____ 問題ないでしょうか。	☐ ☐	242
22	세부 사항은 이걸로 괜찮으신가요?	____ はこれで大丈夫でしょうか。	☐ ☐	243
23	착불로 괜찮으신가요?	____ でよろしいですか。	☐ ☐	246
24	스케줄 변경은 가능할까요?	スケジュールの変更は ____ でしょうか。	☐ ☐	248
25	조금 전 클레임은 어떻게 하면 좋을까요?	____ のクレームは どうすればいいでしょうか。	☐ ☐	249

맞은 개수: 25개 중 ____ 개

당신은 그동안 ____ %를 잊어버렸습니다.
틀린 문장들은 다시 한번 보고 넘어가세요.

정답 14 来社 15 検討 16 外回り 17 直帰 18 ハンコ 19 させて 20 チェック 21 これで 22 詳細 23 着払い 24 可能 25 さっき

251~255.mp3

251

긍정적으로 대답할 때

알겠습니다.

단어 힌트 かしこまる 명령을 받들다

252

긍정적으로 대답할 때

알겠습니다.

단어 힌트 了解(りょうかい) 이해함

253

정중하게 대답할 때

알겠습니다.

단어 힌트 承知(しょうち)する 승낙하다

254

할 수 있음을 어필할 때

맡겨 주세요.

단어 힌트 任(まか)せる 맡기다

255

강하게 어필하며 대답할 때

물론입니다.

단어 힌트 もちろん 물론

내가 생각한 문장과 비교해 보고
네이티브 표현을 그대로 흡수해 보세요!

251

かしこまりました。

かしこまりました는 わかりました보다 정중한 표현입니다.

252

了解(りょうかい)しました。

납득, 이해를 바탕으로 한 '알겠습니다'의 의미입니다. 손윗사람에게는 쓰지 않는 편이 좋다는 의견도 있지만, 일반적으로는 많이 사용되는 표현입니다.

253

承知(しょうち)しました。

이해와 승낙을 바탕으로 한 '알겠습니다'의 의미이며, 앞서 설명한 표현보다 정중한 표현입니다.

254

任(まか)せてください。

~てください는 '~해 주세요'라는 부탁 표현입니다.

255

もちろんです。

확신에 찬 느낌의 대답입니다. 무례한 표현은 아니지만, 격식을 차려야 하는 장소에서는 사용을 지양하는 것이 좋습니다.

256~260.mp3

256

문제 없음을 어필할 때

문제 없습니다.

단어 힌트 問題(もんだい) 문제

257

어려울 것 같을 때

그건 어렵지 않을까 싶습니다.

단어 힌트 難(むずか)しい 어렵다 | 思(おも)う 생각하다

258

어려울 것 같을 때

힘들 것 같습니다.

단어 힌트 厳(きび)しい 엄하다, 엄격하다

259

납득할 수 없을 때

납득할 수 없습니다.

단어 힌트 納得(なっとく) 납득

260

거절할 때

거절하겠습니다.

단어 힌트 断(ことわ)る 거절하다

256

問題(もんだい)ありません。

문제 없음을 강하게 어필하는 느낌입니다.
조금 더 정중하게 問題(もんだい)ございませんで로 표현하는 것도 좋습니다.

257

それは難(むずか)しいかと思(おも)います。

難(むずか)しいです(어렵습니다)라고 직접적으로 말하는 것이 아닌,
~かと思(おも)います(~지 않을까 싶습니다)를 붙여 에둘러 말하는 표현입니다.

258

厳(きび)しいと思(おも)います。

반대나 거절을 완곡하게 하는 표현입니다.

259

納得(なっとく)できません。

아무리 상사의 말이라도 납득조차 하기 힘들 때, 직설적으로 반대하는 표현입니다.

260

お断(ことわ)りします。

강하게 반대해야 하는 상황에 쓰이는 표현이며, 직설적으로 거절하는 느낌이므로
무례하게 느껴질 수도 있습니다.

261~265.mp3

261 ☐☐☐

업무 준비를 부탁할 때

촬영 준비는 맡길게.

단어 힌트 撮影(さつえい) 촬영 | 準備(じゅんび) 준비 | 任(まか)せる 맡기다

262 ☐☐☐

격려와 동시에 부탁할 때

내일 프레젠테이션, 잘 부탁해.

단어 힌트 明日(あした) 내일 | プレゼン 프레젠테이션(プレゼンテーション)의 준말

263 ☐☐☐

부드럽게 명령할 때

프린트 부탁해도 돼?

단어 힌트 プリント 프린트 | お願(ねが)いする 부탁하다

264 ☐☐☐

준비물을 가져오도록 시킬 때

맥북 충전기 부탁해.

단어 힌트 マック 맥북(マックブック)의 준말 | 充電器(じゅうでんき) 충전기

265 ☐☐☐

자신의 일을 대신 시킬 때

대신 연락 넣어 줄래?

단어 힌트 代(か)わりに 대신에 | 連絡(れんらく)を入(い)れる 연락을 하다

261

撮影(さつえい)の準備(じゅんび)は任(まか)せるね。

종조사 ね는 본인의 의견을 주장하거나 확인할 때 사용합니다.

262

明日(あした)のプレゼン、よろしく。

よろしく는 よろしくお願(ねが)いします의 준말로 반말 표현입니다.

263

プリントお願(ねが)いしていい？

していい는 '해도 되다'를 뜻하는 してもいい에서 も를 생략한 형태입니다.
주로 편한 사이나 손아랫사람에게 사용합니다.

264

マックの充電器(じゅうでんき)お願(ねが)い。

お願(ねが)い는 손아랫사람에게 명령조로 부탁하는 표현입니다.

265

代(か)わりに連絡(れんらく)入(い)れてくれる？

~てくれる？는 '~해 줄래?'라는 의뢰의 표현입니다.

266

예약을 시킬 때

예약해 줄래?

단어 힌트 予約(よやく) 예약

267

기간 내에 처리하도록 시킬 때

내일까지 정정 부탁해.

단어 힌트 訂正(ていせい) 정정 | 頼(たの)む 부탁하다

268

기간 내에 처리하도록 시킬 때

3시까지는 끝내 줬으면 하는데.

단어 힌트 終(お)わらせる 끝내다 | ほしい 원하다

269

즉각적인 확인을 명령할 때

바로 확인해 줬으면 하는데.

단어 힌트 確認(かくにん) 확인

270

윗선의 허락을 받도록 명령할 때

우선 윗선에게 허락 받아 줘.

단어 힌트 まず 우선 | 許可(きょか) 허락 | もらう 받다

266

予約(よやく)してくれない？

~てくれない？는 '~해 주지 않을래?'라는 부드러운 부탁 표현으로
자연스럽게 해석하면 '~해 줄래?'가 됩니다.

267

明日(あした)までに訂正(ていせい)頼(たの)む。

~まで와 ~までに 모두 '~까지'로 해석하지만, ~まで는 어떠한 시점까지 계속됨을 나타내고,
~までに는 동작이 그 시점 전에 행해져야 함을 나타냅니다.

268

3時(さんじ)までには終(お)わらせて
ほしいんだけど。

~てほしい는 '~해 줬으면 좋겠어'라는 뜻으로, 강압적이지는 않은 명령 표현입니다.

269

すぐ確認(かくにん)してほしいんだけど。

'즉시, 바로'란 뜻의 すぐ와 ~てほしい가 함께 오면 '지금 당장 ~해 줘'와 같이
약간의 강제성이 더해집니다.

270

まず上(うえ)から許可(きょか)もらって。

上(うえ)는 '위'라는 의미 외에도, '윗선, 직위가 높은 사람'을 뜻하기도 합니다.

271~275.mp3

271

교섭에 응하지 말라고 할 때

가능하면 교섭에 응하지 않는 편이 좋아.

단어 힌트 できれば 가능하면 | 交渉(こうしょう) 교섭, 협상 | 応(おう)じる 응하다

272

아무것도 하지 말라고 할 때

지금은 우선 아무것도 하지 마.

단어 힌트 とりあえず 우선

273

부하를 먼저 보낼 때

먼저 가 있어.

단어 힌트 先(さき)に 먼저 | 行(い)く 가다

274

자료의 준비를 명령할 때

회의 자료 잘 준비해 둬.

단어 힌트 会議(かいぎ) 회의 | 資料(しりょう) 자료 | 準備(じゅんび) 준비

275

부하보다 늦게 합류할 때

조금 늦는다고 말해 둬.

단어 힌트 遅(おく)れる 늦다, 늦어지다 | 言(い)う 말하다

271

できれば交渉に応じない方がいいよ。

できれば 대신에 可能であれば(가능하면) 또는 なるべく(가능한, 되도록)를 사용할 수도 있습니다.

272

今はとりあえず何もするんじゃないよ。

とりあえず에는 '급히, 즉각' 그리고 '우선'이란 뜻이 있는데, 이 문장에서는 '우선'이라는 뜻으로 사용되었습니다. 一旦(일단), ひとまず(우선)로 대체할 수 있습니다.

273

先に行ってて。

行ってて는 行っていて의 준말입니다.

274

会議の資料はちゃんと準備しといてね。

ちゃんと~ておいてね는 약간의 걱정을 담은 명령 표현으로, 한국어의 '꼭 제대로 ~해 둬야 해'와 비슷한 뉘앙스입니다. ~ておいて는 회화체에서 ~といて로 줄여서 말할 수 있습니다.

275

ちょっと遅れるって言っといて。

言う(말하다)는 회화체에서 ゆう로 발음할 수도 있어,
言っといて를 言っといて로 말하기도 합니다.

276

자동차를 준비시킬 때

자동차 준비해 둬.

단어 힌트 車(くるま) 자동차 | 用意(ようい) 준비

277

부하의 동작이 느릴 때

빨리 움직여.

단어 힌트 動(うご)く 움직이다

278

부하의 준비가 못 미더울 때

제대로 준비해야 한다.

단어 힌트 ちゃんと 제대로

279

부하를 기다리게 할 때

우선 기다려.

단어 힌트 とりあえず 우선 | 待(ま)つ 기다리다

280

재촉할 때

서둘러.

단어 힌트 急(いそ)ぐ 서두르다

276

車(くるま)、用意(ようい)しといて。

'준비'는 準備(じゅんび) 외에도 用意(ようい)로 표현할 수 있습니다.

277

早(はや)く動(うご)きな。

「동사의 ます형+な」는 가벼운 명령의 의미가 됩니다.

278

ちゃんと用意(ようい)するんだぞ。

종조사 ぞ나 ぜ를 쓰면 남성어에 가깝습니다.
여성의 경우에는 ちゃんと用意(ようい)しなきゃだめだよ로 말할 수 있겠습니다.

279

とりあえず待(ま)ってろ。

～ている의 い가 생략되듯, 待(ま)っていろ의 い가 생략된 표현입니다.
이 표현은 일방적이고 강압적인 느낌이 있는 명령 표현이므로 사용에 주의가 필요합니다.

280

急(いそ)いで。

동사의 ～て만으로 명령형이 됩니다.

281~285.mp3

281

기본적인 사과 표현

죄송합니다.

단어 힌트 申(もう)し訳(わけ)ない 미안하다, 송구하다

282

기본적인 사과 표현

죄송합니다.

283

정중하게 사과할 때

정말 죄송하게 생각하고 있습니다.

단어 힌트 本当(ほんとう)に 정말로, 진심으로 | 思(おも)う 생각하다

284

걱정을 끼쳤을 때

걱정을 끼쳐 죄송합니다.

단어 힌트 心配(しんぱい)を掛(か)ける 걱정을 끼치다

285

연락이 늦어졌을 때

연락을 게을리해서 죄송합니다.

단어 힌트 連絡(れんらく) 연락 | 怠(おこた)る 게을리하다

281 □□□

申(もう)し訳(わけ)ありません。

申(もう)し訳(わけ)ないです보다 정중한 표현입니다.
비즈니스에서 ごめんなさい(미안합니다)는 거의 사용하지 않습니다.

282 □□□

申(もう)し訳(わけ)ございません。

申(もう)し訳(わけ)ありません보다 정중한 표현입니다.

283 □□□

本当(ほんとう)に申(もう)し訳(わけ)なく思(おも)っております。

思(おも)っております는 思(おも)っています의 겸양 표현입니다.

284 □□□

ご心配(しんぱい)をお掛(か)けして
申(もう)し訳(わけ)ございません。

「お＋동사의 ます형＋する」는 나를 낮춤으로써 상대를 높이는 겸양 표현입니다.

285 □□□

連絡(れんらく)を怠(おこた)ってしまい
申(もう)し訳(わけ)ございません。

～てしまう는 '～해 버리다'라는 뜻으로, 후회와 유감을 나타냅니다.

286~290.mp3

286

실례를 범했을 때

대단히 실례했습니다.

단어 힌트 大変(たいへん) 대단히, 몹시 | 失礼(しつれい) 실례

287

깜빡 잊었을 때

죄송합니다. 잊고 있었습니다.

단어 힌트 失念(しつねん) 깜빡 잊음

288

오류의 수정이 필요할 때

바로 수정해 오겠습니다. 죄송합니다.

단어 힌트 修正(しゅうせい) 수정

289

폐를 끼쳤을 때

폐를 끼쳤습니다.

단어 힌트 迷惑(めいわく) 민폐, 폐

290

부주의로 인한 실수를 했을 때

제 부주의였습니다.

단어 힌트 不注意(ふちゅうい) 부주의

내가 생각한 문장과 비교해 보고
네이티브 표현을 그대로 흡수해 보세요!

286

□□□

大変(たいへん)失礼(しつれい)いたしました。

아주 큰 잘못을 했다기보다는 실수를 했을 경우 매우 정중하게 사과하는 표현입니다.

287

□□□

申(もう)し訳(わけ)ありません。
失念(しつねん)しておりました。

失念(しつねん)은 '원래 알고 있었으나 깜빡 잊은 것'에 대해 사용하는 표현으로,
애초부터 몰랐던 것에 대해서는 사용하지 않습니다.

288

□□□

すぐ修正(しゅうせい)してきます。
すみませんでした。

～てくる는 '～해 오다'라는 표현입니다.

289

□□□

ご迷惑(めいわく)をお掛(か)けしました。

자신으로 인해 피해를 끼쳤을 때 사용하는 정중한 표현입니다.

290

□□□

私(わたし)の不注意(ふちゅうい)でした。

자신의 잘못을 정확히 인지하고 인정하는 것만으로도 사과의 의미를 나타낼 수 있습니다.

291~295.mp3

291

확인을 게을리했을 때

제 확인 부족입니다.

단어 힌트 確認(かくにん) 확인 | 不足(ぶそく) 부족

292

계산 실수를 했을 때

저의 계산 미스입니다.

단어 힌트 計算(けいさん) 계산

293

독단적인 판단을 했을 때

멋대로 판단해 버렸습니다.

단어 힌트 勝手(かって) 제멋대로 함 | 判断(はんだん) 판단

294

착각했을 때

저의 착각이었습니다.

단어 힌트 勘違(かんちが)い 착각

295

잘못을 반성할 때

앞으로 조심하겠습니다.

단어 힌트 気(き)をつける 조심하다, 정신 차리다

291

私の確認不足です。

「명사+不足」는 '명사 하는 것이 부족함'을 나타내며,
準備不足(준비 부족), 人手不足(인력 부족), 経験不足(경험 부족) 등으로 쓸 수 있습니다.

292

私の計算ミスです。

ミス는 '실수, 실패'를 뜻하는 영어 단어 'miss'를 뜻합니다.

293

勝手に判断してしまいました。

勝手に~する는 자기 멋대로 하는 것을 의미하며,
自分勝手는 '자기 멋대로 함', 또는 '그러한 사람'을 나타냅니다.

294

私の勘違いでした。

勘違い에 する를 붙이면 '착각하다', させる를 붙이면 '착각하게 하다'가 됩니다.

295

これから気をつけます。

これから는 '지금 현재' 또는 지금 현재로부터 '조금 후의 미래'를 기점으로 합니다.
사과의 경우에는 '지금부터'보다는 '앞으로'로 해석하는 게 자연스럽습니다.

296

잘못을 반성할 때

앞으로 주의하겠습니다.

단어 힌트 今後(こんご) 앞으로 | 注意(ちゅうい) 주의

297

독단적인 판단을 했을 때

이후 유의하겠습니다.

단어 힌트 以後(いご) 이후 | 留意(りゅうい) 유의

298

같은 실수를 하지 않겠다고 할 때

같은 실수를 반복하지 않도록 하겠습니다.

단어 힌트 同(おな)じ 같은 | 繰(く)り返(かえ)す 반복하다

299

두 번 다시 실수하지 않겠다고 할 때

두 번 다시 이런 일은 하지 않겠습니다.

단어 힌트 二度(にど)と 두 번, 재차 | 致(いた)す 하다(する)의 겸양어

300

잘못을 인정할 때

거기까지 생각하지 못했습니다.

단어 힌트 考(かんが)え 생각 | 及(およ)ぶ 미치다

내가 생각한 문장과 비교해 보고
네이티브 표현을 그대로 흡수해 보세요!

296

今後(こんご)は注意(ちゅうい)します。

今後(こんご)는 これから(지금부터) 또는 以後(いご)(이후)로 바꿔 말할 수 있습니다.

297

以後(いご)、留意(りゅうい)します。

留意(りゅうい)는 지금 당장 발생한 문제에 대해 주의한다기보다는
만약을 위해 앞으로를 대비한다는 느낌에 가깝습니다.

298

同(おな)じミスを繰(く)り返(かえ)さない
ようにします。

～ようには '～하도록', ～ないようには '～하지 않도록'이라는 뜻입니다.

299

二度(にど)とこのようなことは
致(いた)しません。

二度(にど)と～しません은 '두 번 다시는 ～하지 않겠습니다'라는 강한 의지를 담은 표현입니다.

300

そこまで考(かんが)えが及(およ)びませんでした。

考(かんが)えが及(およ)ばない는 미처 생각이 거기까지 미치지 못한 것,
考(かんが)えが足(た)りない는 생각이 짧은 것을 의미합니다.

망각방지 장치 1

하루만 지나도 학습한 내용의 50%는 잊어버립니다. 여러분은 몇 퍼센트나 잊어버렸을까요?
25개 표현을 입으로 말해 보고 생각나지 않는 표현은 제시된 번호로 돌아가 다시 확인해 보세요!

			○	✕	복습
01	알겠습니다.	＿＿＿＿。	☐	☐	251
02	맡겨 주세요.	＿＿＿＿ください。	☐	☐	254
03	그건 어렵지 않을까 싶습니다.	それは＿＿＿＿かと思(おも)います。	☐	☐	257
04	납득할 수 없습니다.	＿＿＿＿できません。	☐	☐	259
05	거절하겠습니다.	お＿＿＿＿します。	☐	☐	260
06	내일 프레젠테이션, 잘 부탁해.	明日(あした)のプレゼン、＿＿＿＿。	☐	☐	262
07	프린트 부탁해도 돼?	プリントお＿＿＿＿していい？	☐	☐	263
08	내일까지 정정 부탁해.	明日(あした)＿＿＿＿訂正頼(ていせいたの)む。	☐	☐	267
09	우선 윗선에게 허락 받아 줘.	まず＿＿＿＿から許可(きょか)もらって。	☐	☐	270
10	가능하면 교섭에 응하지 않는 편이 좋아.	できれば交渉(こうしょう)に＿＿＿＿方(ほう)がいいよ。	☐	☐	271
11	지금은 우선 아무것도 하지 마.	今(いま)は＿＿＿＿何(なに)もするんじゃないよ。	☐	☐	272
12	회의 자료 잘 준비해 둬.	会議(かいぎ)の＿＿＿＿はちゃんと準備(じゅんび)しといてね。	☐	☐	274
13	빨리 움직여.	早(はや)く＿＿＿＿な。	☐	☐	277

정답
01 かしこまりました 02 任(まか)せて 03 難(むずか)しい 04 納得(なっとく) 05 断(ことわ)り 06 よろしく 07 願(ねが)い 08 までに 09 上(うえ) 10 応(おう)じない 11 とりあえず 12 資料(しりょう) 13 動(うご)き

			○	×	복습
14	제대로 준비해야 한다.	ちゃんと ______ するんだぞ。	□	□	278
15	서둘러.	______。	□	□	280
16	죄송합니다.	______ ありません。	□	□	281
17	걱정을 끼쳐 죄송합니다.	ご心配(しんぱい)をお ______ して 申(もう)し訳(わけ)ございません。	□	□	284
18	연락을 게을리해서 죄송합니다.	連絡(れんらく)を ______ 申(もう)し訳(わけ)ございません。	□	□	285
19	대단히 실례했습니다.	大変(たいへん) ______ いたしました。	□	□	286
20	폐를 끼쳤습니다.	ご ______ をお掛(か)けしました。	□	□	289
21	제 부주의였습니다.	私(わたし)の ______ でした。	□	□	290
22	제 확인 부족입니다.	私(わたし)の確認(かくにん) ______ です。	□	□	291
23	멋대로 판단해 버렸습니다.	______ に判断(はんだん)してしまいました。	□	□	293
24	이후 유의하겠습니다.	以後(いご)、______ します。	□	□	297
25	거기까지 생각하지 못했습니다.	そこまで考(かんが)えが ______ ませんでした。	□	□	300

맞은 개수: 25개 중 ______ 개

당신은 그동안 ______%를 잊어버렸습니다.
틀린 문장들은 다시 한번 보고 넘어가세요.

정답
14 用意(ようい) 15 急(いそ)いで 16 申(もう)し訳(わけ) 17 掛(か)け 18 怠(おこた)ってしまい 19 失礼(しつれい) 20 迷惑(めいわく) 21 不注意(ふちゅうい) 22 不足(ぶそく)
23 勝手(かって) 24 留意(りゅうい) 25 及(およ)び

망각방지 장치 2

일주일이 지나면 학습한 내용의 70%를 잊어버립니다.
여러분은 몇 퍼센트나 기억하고 있을까요? 대화문으로 확인해 보세요.

021 상사가 먼저 퇴근할 때

kaiwa 021.mp3

A　今日(きょう)は 먼저 실례(퇴근)하는데, 207 みんなあんまり無理(むり)はしないように。

B　僕(ぼく)ももう少(すこ)しで終(お)わります！

A　じゃ、お先(さき)に。

B　수고하셨습니다. 202

단어 無理(むり) 무리

022 상사에게 외근을 보고할 때

kaiwa 022.mp3

A　今(いま)から外出(がいしゅつ)？

B　はい、ちょっとマルイまで 다녀오겠습니다. 205

A　잘 다녀와. 203 打(う)ち合(あ)わせが終(お)わったら、一度(いちど)連絡(れんらく)入(い)れてくれる？

B　わかりました。

단어 打(う)ち合(あ)わせ 회의, 미팅

021

A　오늘은 お先(さき)に失礼(しつれい)するけど、207
다들 너무 무리하지 말고.

B　저도 조금 있으면 끝납니다!

A　그럼, 먼저 (실례).

B　お疲(つか)れ様(さま)でした。202

022

A　지금부터 외출?

B　네, 잠시 마루이에 行(い)ってきます。205

A　行(い)ってらっしゃい。203 회의가 끝나면,
한번 연락 넣어줄래?

B　알겠습니다.

023 외출 후 돌아왔을 때

kaiwa 023.mp3

A (지금 막) 다녀왔습니다. 206

B お疲(つか)れ様(さま)。それで、どうだった？

A それが…、어렵지 않을까 싶습니다. 257

B やっぱりそうか。

단어 やっぱり 역시

024 서류의 검토를 부탁할 때

kaiwa 024.mp3

A 部長(ぶちょう)、기획서 다시 만들었습니다. 223

B うん、見(み)せてくれ。

A 검토 부탁드립니다. 231

B なかなかよくできているな。

단어 検討(けんとう) 검토

023

A　ただいま戻(もど)りました。206

B　수고했어. 그래서, 어땠어?

A　그게…, 難(むずか)しいかと思(おも)います。257

B　역시 그런가.

024

A　부장님, 企画書(きかくしょ)作(つく)り直(なお)しました。223

B　응, 보여줘.

A　ご検討(けんとう)お願(ねが)いします。231

B　꽤 잘 되어 있네.

025 바로 퇴근하는 것을 허락받을 때

kaiwa 025.mp3

A 課長(かちょう)、외근 다녀오겠습니다. 232

B 今(いま)から？ 遅(おそ)いね。

A はい、それで 오늘은 바로 퇴근하고 싶은데요…. 234

B うん、そうして。

단어 外回(そとまわ)り 외근

026 일본어의 확인을 부탁할 때

kaiwa 026.mp3

A 課長(かちょう)、지금 시간 괜찮으신가요? 245

B うん、いいよ。

A もしよろしかったら、企画書(きかくしょ)の
일본어 확인을 해주실 수 없을까요? 240

B うん、そこ置(お)いといて。

단어 置(お)く 놓다, 두다

025

A　과장님, 外回(そとまわ)り行(い)ってきます。232

B　지금부터? 늦네.

A　네, 그래서 今日(きょう)は直帰(ちょっき)させていただきたいんですが…。234

B　응, 그렇게 해.

026

A　과장님, 今(いま)お時間(じかん)よろしいでしょうか。245

B　응, 괜찮아.

A　혹시 괜찮으시다면, 기획서의 日本語(にほんご)のチェックをしていただけませんか。240

B　응, 거기 놔둬.

027 상사의 의견을 물을 때

kaiwa 027.mp3

A　棚卸(たなおろ)しは終(お)わった？

B　はい、ちょうど今(いま)終(お)わりました。
재고 처리는 어떻게 할까요? 247

A　廃棄(はいき)するしかないね。
でも、우선 윗선에게 허락을 받아 줄래? 270

B　わかりました。

단어　棚卸(たなおろ)し 재고 조사 | 廃棄(はいき) 폐기

028 상사의 지시를 깜빡 잊었을 때

kaiwa 028.mp3

A　金君(キムくん)、今(いま)ちょっといい？

B　はい、大丈夫(だいじょうぶ)です。

A　昨日(きのう)頼(たの)んだ資料(しりょう)、3시까지는 끝내줬으면 하는데. 268

B　あ、죄송합니다. 잊고 있었습니다. 287

단어　資料(しりょう) 자료 | 失念(しつねん) 깜빡 잊음

027

A　재고 조사 끝났어?

B　네, 지금 막 끝났습니다.
在庫処理(ざいこしょり)はいかがいたしましょうか。247

A　폐기하는 수밖에 없겠네.
그래도 まず上(うえ)から許可(きょか)をもらってくれる? 270

B　알겠습니다.

028

A　김 군, 지금 잠깐 괜찮아?

B　네, 괜찮습니다.

A　어제 부탁한 자료, 3時(さんじ)までには終(お)わらせて
ほしいんだけど。268

B　아, 申(もう)し訳(わけ)ありません。失念(しつねん)しておりました。287

029 회사에 지각을 했을 때

kaiwa 029.mp3

A　今日もまた遅刻か、３日連続だぞ！

B　죄송합니다.[282] 人身事故でＪＲが遅れたもので…。

A　言い訳は要らない！

B　どうも 폐를 끼쳤습니다.[289]

단어 遅刻(ちこく) 지각 | 言(い)い訳(わけ) 변명

030 업무 실수에 대해 사과할 때

kaiwa 030.mp3

A　申し訳ございません。全て 제 확인 부족입니다.[291]

B　二度とこんなミスはしないようにね。

A　はい、앞으로 조심하겠습니다.[295]

B　わかったらいいわ。仕事に戻りなさい。

단어 全(すべ)て 전부 | ミス 실수 | 戻(もど)る 되돌아가(오)다

029

A 오늘도 지각인가, 3일 연속이야!

B 申し訳ございません。282 인명 사고로 JR이 늦어져서….

A 변명은 필요 없어!

B 대단히 ご迷惑をお掛けしました。289

030

A 죄송합니다. 전부 私の確認不足です。291

B 다시는 이런 실수는 하지 않도록 해.

A 네, これから気をつけます。295

B 알았으면 됐어. 업무로 돌아가도록.

Part
4

직장인이 거래처와 말할 때 쓰는 **실무 비즈니스 표현 100**

Part 4 전체 듣기
& 영상 강의

네이티브가 직장에서 거래처와 말할 때 사용하는 표현 중 활용 빈도가 가장 높은 표현들만 엄선해서 모았습니다. 기본이 되는 인사에서 제안이나 부탁을 할 때와 이에 대응하는 표현 그리고 이메일이나 전화 응대에 필요한 표현까지 여러 상황에서 필요한 표현들을 다양하게 담았습니다.

301~305.mp3

301

처음 만나는 상대와 인사할 때

김이라고 합니다. 잘 부탁드립니다.

단어 힌트 お願(ねが)いします 부탁합니다

302

한 번 이상 만난 상대와 인사할 때

항상 신세 지고 있습니다.

단어 힌트 いつも 항상

303

이전 만남에 대해 가벼운 감사를 표할 때

요전에는 신세 많이 졌습니다.

단어 힌트 先日(せんじつ) 요전, 이전

304

지난번 연락이 메일로 이루어졌을 때

요전에는 메일로 실례했습니다.

단어 힌트 メール 메일 | 失礼(しつれい) 실례, 무례

305

지난번 만남에서 실수가 있었을 때

지난번에는 실례가 많았습니다.

단어 힌트 この前(まえ) 이전, 지난번 | 大変(たいへん) 대단히, 매우

내가 생각한 문장과 비교해 보고
네이티브 표현을 그대로 흡수해 보세요!

301

金(キム)と申(もう)します。
よろしくお願(ねが)いいたします。

비즈니스 관계에서 처음 만나는 상대에게는 '잘 부탁한다'는 인사말이 가장 무난하고 일반적입니다.

302

いつもお世話(せわ)になっております。

기존 거래처, 한 번 이상 만난 상대에게 하는 인사말입니다.

303

先日(せんじつ)はお世話(せわ)になりました。

지난번의 만남 이후에 하는 인사말입니다. 특별히 신세 진 일이 없더라도 사용할 수 있어요.

304

先日(せんじつ)はメールで失礼(しつれい)しました。

先日(せんじつ) 외에도 この前(まえ) 또는 この間(あいだ)를 사용해도 무방합니다. 모두 '지난번, 요전'과 같은 뜻입니다.

305

この前(まえ)は大変(たいへん)失礼(しつれい)いたしました。

지난번 만남에서 실례가 되는 행동을 했을 경우에 사용합니다. 가벼운 실수나 상대가 부탁을 들어줬을 경우에도 사용해요. この前(まえ)를 더 정중하게 前回(ぜんかい)로 표현할 수 있습니다.

306~310.mp3

306

지난번 만남에서 폐를 끼쳤을 때

요전에는 폐를 끼쳤습니다.

단어 힌트 迷惑(めいわく)をかける 폐를 끼치다

307

지난번 만남에서 상대가 식사를 대접했을 때

지난번에는 잘 먹었습니다.

단어 힌트 この間(あいだ) 전날, 요전 | ご馳走様(ちそうさま) 잘 먹었습니다

308

오랜만에 만났을 때

오랜만입니다.

단어 힌트 無沙汰(ぶさた) 소식을 전하지 않음, 왕래가 끊어짐

309

상대에게 선물 등을 건넬 때

별 건 아니지만….

단어 힌트 大(たい)した 대단한, 엄청난

310

상대에게 선물 등을 건넬 때

혹시 괜찮으시면 받아 주세요.

단어 힌트 もし 혹시 | よろしかったら 괜찮으시면

내가 생각한 문장과 비교해 보고
네이티브 표현을 그대로 흡수해 보세요!

306

先日(せんじつ)はご迷惑(めいわく)をおかけしました。

「お + 동사의 ます형 + する」는 '(내가) ~하다'라는 뜻으로,
나를 낮춤으로써 상대를 높이는 겸양 표현입니다.

307

この間(あいだ)はご馳走様(ちそうさま)でした。

상대가 식사를 대접했을 경우 건네는 인사말입니다. この間(あいだ)를 정중하게 표현한 것이 先日(せんじつ)입니다.

308

ご無沙汰(ぶさた)しております。

お久(ひさ)しぶりです보다 더 정중한 표현으로 거래처나 손윗사람에게 사용합니다.

309

大(たい)したものではありませんが…。

일본도 한국과 같이 선물을 할 때 '별 건 아니지만…'과 같은 말을 덧붙입니다.
비슷한 표현으로는 つまらないものですが가 있습니다.

310

もしよろしかったらどうぞ。

どうぞ는 상대방에게 무엇을 권하거나 부탁하는 완곡하고 공손한 표현입니다.
どうぞ만으로도 '드세요, 앉으세요, 하세요'와 같은 부탁의 표현이 돼요.

311~315.mp3

311

처음 만나는 상대에게 자신을 소개할 때

S무역의 김이라고 합니다.

단어 힌트 貿易(ぼうえき) 무역 | 申(もう)す 말씀드리다

312

누군가의 소개로 방문했을 때

하야시 부장님의 소개로 왔습니다.

단어 힌트 部長(ぶちょう) 부장(님) | 紹介(しょうかい) 소개 | 参(まい)る 오다(来る)의 겸양어

313

안내 데스크에 약속 상대와 시간을 알릴 때

쓰지 씨와 11시에 약속되어 있습니다.

단어 힌트 約束(やくそく) 약속

314

방문 목적을 알릴 때

미팅 건으로 방문했습니다.

단어 힌트 打(う)ち合(あ)わせ 회의, 미팅 | 伺(うかが)う 방문하다(訪問する)의 겸양어

315

약속 없이 방문했을 때

잠시만 시간 내주실 수 없으실까요?

단어 힌트 少(すこ)しだけ 잠시만, 조금만 | いただく 받다(もらう)의 겸양어

내가 생각한 문장과 비교해 보고
네이티브 표현을 그대로 흡수해 보세요!

311

S貿易の金と申します。

처음 만나는 상대의 경우에는 자신의 소속 회사와 부서를 먼저 말한 뒤에 이름을 말합니다.

312

林部長の紹介で参りました。

来る의 겸양어에는 参る와 伺う 두 가지가 있습니다.

313

辻様と11時にお約束をしています。

거래처에 방문했을 경우 안내 데스크에 약속 시간과 상대방의 이름을 말한 후에 안내를 받습니다.

314

打ち合わせの件で伺いました。

訪問する(방문하다)의 겸양어 伺う를 사용함으로써 더욱 정중한 느낌을 줄 수 있습니다.

315

少しだけお時間いただけないでしょうか。

もらう의 겸양어 いただく의 가능형 동사 いただける에
~ないでしょうか(없으실까요?)가 합쳐진 형태로 정중하게 상대에게 요청하는 표현입니다.

316~320.mp3

316

약속이 되어 있는 담당자를 찾을 때

인사부의 사토 부장님은 계신가요?

단어 힌트 人事部(じんじぶ) 인사부 | いらっしゃる 있다(いる)의 존경어

317

새로 담당이 된 것을 알릴 때

새로 담당이 되었습니다.

단어 힌트 新(あたら)しく 새로 | 担当(たんとう) 담당

318

새로 담당이 되어 인사하러 왔을 때

인사드리러 방문했습니다.

단어 힌트 挨拶(あいさつ) 인사

319

면담이 마무리될 때

바쁘신 와중에 실례했습니다.

단어 힌트 忙(いそが)しい 바쁘다

320

면담이 끝났을 때

오늘은 이만 실례하겠습니다.

단어 힌트 本日(ほんじつ) 금일, 오늘 | これで 이걸로, 이만 | 失礼(しつれい) 실례

내가 생각한 문장과 비교해 보고
네이티브 표현을 그대로 흡수해 보세요!

316

人事部(じんじぶ)の佐藤部長(さとうぶちょう)は
いらっしゃいますか。

규모가 큰 회사이거나 흔한 성일 경우에는 소속 부서도 말하는 것이 좋습니다.

317

新(あたら)しく担当(たんとう)になりました。

담당이 바뀌는 경우에는 이메일을 보내거나 직접 방문해서 먼저 인사를 하는 경우가 많습니다.

318

ご挨拶(あいさつ)に伺(うかが)いました。

명사 앞에 お 또는 ご를 붙이면 존경 또는 겸양 표현이 됩니다.

319

お忙(いそが)しいところすみませんでした。

면담 등이 끝날 때쯤 '시간을 내어 주셔서 감사합니다'와 같은 의미로 사용하는 표현입니다.

320

本日(ほんじつ)はこれで失礼(しつれい)いたします。

本日(ほんじつ)와 今日(きょう)는 '오늘'이라는 뜻은 같으나,
本日(ほんじつ)는 문어체 또는 스피치, 회의 등의 공식적인 자리에서 사용합니다.

321~325.mp3

321

(상대의 내방) 명함을 교환할 때

이라고 합니다. 잘 부탁드립니다.

단어 힌트 申(もう)す 말하다(言う)의 겸양어

322

상대의 명함을 받을 때

잘 받겠습니다.

단어 힌트 ちょうだい (타인, 특히 윗사람에게) 받음

323

명함이 다 떨어졌을 때

지금 명함이 다 떨어져서….

단어 힌트 名刺(めいし) 명함 | 切(き)らす 다 쓰다

324

궂은 날씨에 상대가 와 주었을 때

비도 오는데 와 주셔서 감사합니다.

단어 힌트 雨(あめ) 비 | わざわざ 일부러, 모처럼

325

회사를 찾기 힘들지 않았는지 물어볼 때

장소는 바로 찾을 수 있으셨나요?

단어 힌트 場所(ばしょ) 장소 | すぐに 바로, 즉시 | 分(わ)かる 알다

내가 생각한 문장과 비교해 보고
네이티브 표현을 그대로 흡수해 보세요!

321

李(イ)と申(もう)します。
よろしくお願(ねが)いします。

명함 교환은 일어서서 하는 것이 좋으며, 자신의 부서와 이름을 말한 후 '잘 부탁드린다'는 인사말을 덧붙입니다.

322

ちょうだいいたします。

상대의 명함을 받을 때 일반적으로 사용하는 인사말입니다.
참고로 ちょうだい만으로 '~해 주세요'와 같은 요청의 의미로 쓸 수 있습니다.

323

ただいま名刺(めいし)を切(き)らして
おりまして…。

~ている의 겸양 표현은 ~ておる입니다.

324

雨(あめ)の中(なか)をわざわざすみません。

~(の)中(なか)는 '~(하는) 와중에'란 뜻으로, 많이 사용되는 표현으로는 お忙(いそが)しい中(なか)(바쁘신 와중에)가 있습니다.

325

場所(ばしょ)はすぐにお分(わ)かりに
なりましたか。

「お + 동사의 ます형 + になる」는 상대방(동작의 주체)를 높이는 표현으로 '~(하)시다'로 해석할 수 있습니다.

326~330.mp3

326

자신의 회사 사람을 소개할 때

여기는 영업 담당의 다나카입니다.

단어 힌트 當業(えいぎょう) 영업 | 担当(たんとう) 담당, 담당자

327

가벼운 아이스 브레이킹이 필요할 때

요즘 어떠신가요?

단어 힌트 最近(さいきん) 최근

328

시간을 내어 준 것에 대해 감사를 표할 때

오늘은 감사했습니다.

단어 힌트 本日(ほんじつ) 금일, 오늘

329

다음 면담에 대해 가볍게 이야기할 때

다음번에는 제가 찾아뵐테니까요.

단어 힌트 今度(こんど) 이번, 다음번 | 伺(うかが)う 방문하다(訪問する)의 겸양어

330

정중한 인사말로 면담을 마무리할 때

앞으로도 잘 부탁드립니다.

단어 힌트 今後(こんご) 앞으로, 차후

내가 생각한 문장과 비교해 보고
네이티브 표현을 그대로 흡수해 보세요!

326

こちらは営業(えいぎょう)担当(たんとう)の田中(たなか)です。

こちら는 ここ보다 정중한 표현으로,
사람을 지칭하는 경우에는 자신과 가까운 사람(가족, 같은 회사 사람)을 가리킵니다.

327

最近(さいきん)、いかがですか。

いかがですか는 どうですか보다 정중한 표현으로
손윗사람이나 비즈니스에서 안부를 물을 때 사용하는 표현입니다.

328

本日(ほんじつ)はありがとうございました。

今日(きょう)와 本日(ほんじつ)는 '오늘'이라는 뜻은 같으나
本日(ほんじつ)의 경우에는 일상 대화에서보다 공적인 자리에서 많이 사용됩니다.

329

今度(こんど)はこちらから伺(うかが)いますので。

今度(こんど)는 '이번, 금번'이라는 뜻이지만, '다음 기회'라는 뜻도 있으므로
앞뒤 문맥을 파악하여 해석해야 합니다.

330

今後(こんご)ともよろしくお願(ねが)いします。

이 표현은 계속 인연을 이어갈 상대에게 하는 인사말로
회화에서도 비즈니스 이메일에서도 단골로 사용되는 표현입니다.

331~335.mp3

331

어려운 제안을 할 때

어려운 제안이긴 하지만….

단어 힌트 難(むずか)しい 어렵다 | 提案(ていあん) 제안

332

일방적으로 부탁할 때

굉장히 일방적인 부탁이긴 하지만….

단어 힌트 大変(たいへん) 몹시, 매우 | 勝手(かって) 제멋대로 함

333

무리한 부탁을 할 때

무리인 것을 알지만 말씀드리자면….

단어 힌트 無理(むり) 무리 | 承知(しょうち) 알아들음, 이해함 | 申(もう)し上(あ)げる 여쭙다, 말씀드리다

334

갑작스러운 부탁을 할 때

갑작스러운 부탁이라 죄송합니다만….

단어 힌트 急(きゅう)な 급한, 갑작스러운 | 恐縮(きょうしゅく)ですが 죄송합니다만

335

가벼운 부탁을 했을 때

번거롭게 해서 죄송했습니다.

단어 힌트 手数(てすう)をかける 수고를 끼치다, 번거롭게 하다

내가 생각한 문장과 비교해 보고
네이티브 표현을 그대로 흡수해 보세요!

331

難しい提案ではありますが…。

부정적이거나 어려운 제안을 하기 전에 이러한 쿠션어(청자에게 부담이 되지 않는 정중하고 부드러운 언어)를 사용하면 좋은 인상을 줍니다.

332

大変勝手ではございますが…。

勝手는 자신의 의견만 주장하는 등의 일방적임을 의미하는 표현으로, 한 단어로 직역하기는 어려운 표현입니다. 이를 사용한 표현으로는 自分勝手(제멋대로 함) 등이 있습니다.

333

無理を承知で申し上げますが…。

어려운 부탁을 할 때 사용하는 無理を承知で는 하나의 표현으로 외워 두는 것이 좋습니다.

334

急なお願いで恐縮ですが…。

恐縮ですが는 상대에 대한 감사, 사죄의 마음을 전달할 때 사용합니다.

335

お手数をおかけしました。

상대를 많이 번거롭게 했거나 큰 수고를 끼친 상황이 아닌 업무상의 부탁, 요구를 했을 경우에 사용하는 표현입니다.

336~340.mp3

336

안건을 제안할 때

이 안으로 괜찮으신가요?

단어 힌트 案(あん) 안, 안건, 생각

337

검토를 부탁할 때

검토해 주실 수 있나요?

단어 힌트 検討(けんとう) 검토

338

구체적인 선에서 부탁할 때

이 선으로 부탁드리고 싶습니다만….

단어 힌트 線(せん) 선

339

합의를 부탁할 때

이걸로 합의할 수 있을까요?

단어 힌트 折(お)り合(あ)う 타협하다

340

재검토를 부탁할 때

재검토해 주신다면 감사하겠습니다.

단어 힌트 再検討(さいけんとう) 재검토 | 幸(さいわ)い 다행, 행복

내가 생각한 문장과 비교해 보고
네이티브 표현을 그대로 흡수해 보세요!

336 □□□

この案(あん)でいかがでしょうか。

비즈니스 등의 공적인 자리에서는 どうですか가 아닌
정중한 표현인 いかがでしょうか를 쓰는 것이 좋습니다.

337 □□□

ご検討(けんとう)いただけますか。

「ご＋한자어(명사)＋いただく」는 '(상대가) ~(명사)해 주시다'라는 겸양 표현인데,
いただく를 いただけますか의 형태로 바꾸면 '(명사)해 주실 수 있나요?'란 뜻이 됩니다.

338 □□□

この線(せん)でお願(ねが)いしたいのですが…。

'부탁'이란 뜻의 お願(ねが)い를 이용해서 お願(ねが)いします, お願(ねが)いできますか,
お願(ねが)いしたく存(ぞん)じます 등의 많은 부탁 표현을 만들 수 있습니다.

339 □□□

これで折(お)り合(あ)えないでしょうか。

折(お)る에는 '주장을 철회하다'란 의미도 있는데,
'서로 ~하다'란 의미의 合(あ)う와 접속하면 '타협하다, 합의하다'란 뜻이 됩니다.

340 □□□

再検討(さいけんとう)いただければ幸(さいわ)いです。

いただければ(~해 주시면)에 幸(さいわ)いです가 접속하면 '~해 주시면 감사하겠습니다'란
뜻이 됩니다. 같은 표현으로 ~と(~하면)를 사용한 いただけると幸(さいわ)いです가 있습니다.

341

흔쾌히 승낙할 때

물론입니다.

단어 힌트 もちろん 물론

342

흔쾌히 승낙할 때

문제 없습니다.

단어 힌트 問題(もんだい) 문제

343

상대의 제안에 되물으며 승낙할 때

그렇게 할까요?

344

상대에게 전적으로 맡길 때

알아서 잘 부탁드립니다.

단어 힌트 任(まか)せる 맡기다

345

정중하게 승낙의 의사를 밝힐 때

아무쪼록 부탁드립니다.

단어 힌트 是非(ぜひ)とも 아무쪼록, 꼭

내가 생각한 문장과 비교해 보고
네이티브 표현을 그대로 흡수해 보세요!

341

もちろんでございます。

もちろん은 비즈니스에서는 예의에 어긋나는 표현이라는 의견도 있지만, 실제로는 많이 사용되는 표현입니다. もちろんでございます는 もちろんです보다 더 정중한 표현입니다.

342

問題(もんだい)ございません。

ありません을 정중하게 표현한 것이 ございません입니다.

343

そう致(いた)しましょうか。

致(いた)す는 する(하다)의 겸양어입니다.

344

お任(まか)せします。

「お＋ます형＋する」는 '~(해) 드리다'라는 뜻의 겸양 표현으로, お任(まか)せします는 상대에게 맡기겠으니 알아서 잘 해달라는 의미가 담겨 있습니다.

345

是非(ぜひ)ともお願(ねが)いいたします。

是非(ぜひ)とも는 是非(ぜひ)를 더 강조한 표현으로 자신의 의지를 상대에게 전하거나 상대에게 무언가를 부탁할 때 사용합니다.

346~350.mp3

346

상대의 제안을 명쾌하게 승낙할 때

받아들이겠습니다.

단어 힌트 引(ひ)き受(う)ける 맡다, 인수하다

347

기쁜 마음으로 승낙할 때

기쁘게 협력하겠습니다.

단어 힌트 喜(よろこ)んで 기쁘게, 기꺼이 | 協力(きょうりょく) 협력

348

정확한 조건을 제시하여 승낙할 때

그 조건으로 갑시다.

단어 힌트 条件(じょうけん) 조건 | 参(まい)る 가다(行く)의 겸양어

349

제안 사항을 납득할 수 있을 때

의뢰하신 사항은 잘 알겠습니다.

단어 힌트 依頼(いらい) 의뢰 | 承知(しょうち) 알아들음, 이해함

350

제안에 이의가 없을 때

일정에 관해서는 이의 없습니다.

단어 힌트 日程(にってい) 일정 | 異存(いぞん) 반대 의사, 이의

내가 생각한 문장과 비교해 보고
네이티브 표현을 그대로 흡수해 보세요!

346

お引き受けいたします。

직역하면 '인수하겠습니다, 맡겠습니다'가 되지만,
상대의 제안을 '받아들이겠습니다'로 해석하는 것이 자연스럽습니다.

347

喜んでご協力させていただきます。

喜んで는 뜻에서도 알 수 있듯이 긍정적으로 대답할 때 사용하는 표현입니다.
비슷한 의미로 是非(꼭, 부디)를 사용해도 무방합니다.

348

その条件で参りましょう。

한국어와 마찬가지로 일본어에서도 '가다'를 '진행하다'의 의미로도 사용합니다.

349

ご依頼の件は承知しました。

承知는 단순히 아는 것을 넘어 승낙하는 의미도 포함하고 있습니다.

350

日程については異存ありません。

異存ありません은 조금 딱딱한 표현이긴 하지만, 회의나 공적인 자리에서 많이 사용됩니다.

망각방지 장치 1

하루만 지나도 학습한 내용의 50%는 잊어버립니다. 여러분은 몇 퍼센트나 잊어버렸을까요?
25개 표현을 입으로 말해 보고 생각나지 않는 표현은 제시된 번호로 돌아가 다시 확인해 보세요!

			○	✕	복습
01	김이라고 합니다. 잘 부탁드립니다.	金（キム）と ______。 よろしくお願（ねが）いいたします。	☐	☐	301
02	요전에는 신세 많이 졌습니다.	______ はお世話（せわ）になりました。	☐	☐	303
03	지난번에는 실례가 많았습니다.	______ は大変失礼（たいへんしつれい）いたしました。	☐	☐	305
04	지난번에는 잘 먹었습니다.	この間（あいだ）は ______ でした。	☐	☐	307
05	오랜만입니다.	ご ______ しております。	☐	☐	308
06	별 건 아니지만….	______ ものではありませんが…。	☐	☐	309
07	혹시 괜찮으시면 받아 주세요.	もし ______ どうぞ。	☐	☐	310
08	하야시 부장님의 소개로 왔습니다.	林部長（はやしぶちょう）の紹介（しょうかい）で ______ ました。	☐	☐	312
09	미팅 건으로 방문했습니다.	______ の件（けん）で伺（うかが）いました。	☐	☐	314
10	인사부의 사토 부장님 계신가요?	______ の佐藤部長（さとうぶちょう）は いらっしゃいますか。	☐	☐	316
11	새로 담당이 되었습니다.	新（あたら）しく ______ になりました。	☐	☐	317
12	바쁘신 와중에 실례했습니다.	お忙（いそが）しい ______ すみませんでした。	☐	☐	319
13	오늘은 이만 실례하겠습니다.	______ はこれで失礼（しつれい）いたします。	☐	☐	320

정답 01 申（もう）します 02 先日（せんじつ） 03 この前（まえ） 04 ご馳走様（ちそうさま） 05 無沙汰（ぶさた） 06 大（たい）した 07 よろしかったら 08 参（まい）り 09 打（う）ち合（あ）わせ 10 人事部（じんじぶ） 11 担当（たんとう） 12 ところ 13 本日（ほんじつ）

			○	×	복습
14	지금 명함이 다 떨어져서….	ただいま ______ を切(き)らしておりまして…。	☐	☐	323
15	비도 오는데 와 주셔서 감사합니다.	雨(あめ)の ______ をわざわざすみません。	☐	☐	324
16	요즘 어떠신가요?	最近(さいきん)、______ ですか。	☐	☐	327
17	다음번에는 제가 찾아뵐테니까요.	今度(こんど)はこちらから ______ ますので。	☐	☐	329
18	앞으로도 잘 부탁드립니다.	______ ともよろしくお願(ねが)いします。	☐	☐	330
19	어려운 제안이긴 하지만….	難(むずか)しい ______ ではありますが…。	☐	☐	331
20	갑작스러운 부탁이라 죄송합니다만….	______ お願(ねが)いで恐縮(きょうしゅく)ですが…。	☐	☐	334
21	번거롭게 해서 죄송했습니다.	______ をおかけしました。	☐	☐	335
22	이걸로 합의할 수 있을까요?	これで ______ ないでしょうか。	☐	☐	339
23	아무쪼록 부탁드립니다.	______ お願(ねが)いいたします。	☐	☐	345
24	받아들이겠습니다.	お ______ いたします。	☐	☐	346
25	일정에 관해서는 이의 없습니다.	日程(にってい)については ______ ありません。	☐	☐	350

맞은 개수: 25개 중 ______ 개

당신은 그동안 ______%를 잊어버렸습니다.
틀린 문장들은 다시 한번 보고 넘어가세요.

정답
14 名刺(めいし) 15 中(なか) 16 いかが 17 伺(うかが)い 18 今後(こんご) 19 提案(ていあん) 20 急(きゅう)な 21 お手数(てすう) 22 折(お)り合(あ)え
23 是非(ぜひ)とも 24 引(ひ)き受(う)け 25 異存(いぞん)

351~355.mp3

351

간접적으로 거절할 때

이 조건으로는 좀….

단어 힌트 ちょっと 조금, 잠깐

352

곤란한 상황을 표할 때

그렇게 말씀하셔도….

단어 힌트 言(い)う 말하다

353

미안한 마음을 담아 거절할 때

죄송합니다만, 그건….

단어 힌트 申(もう)し訳(わけ)ない 죄송하다, 변명의 여지가 없다

354

정중히 사과하며 거절할 때

대단히 죄송합니다만….

단어 힌트 誠(まこと)に 정말로, 대단히 | 恐(おそ)れ入(い)る 송구스럽다

355

정중하게 거절할 때

마음은 감사합니다만….

단어 힌트 気持(きも)ち 마음, 기분 | ありがたい 감사하다

351

□ □ □

この条件ではちょっと…。

일본인은 명확하게 거절하는 것을 꺼려하므로 ちょっと만으로도 거절의 의미가 됩니다.

352

□ □ □

そう言われても…。

そう言われても困ります 즉, '그렇게 말해도 곤란합니다(안 되는 건 안 됩니다)'란 의미입니다.

353

□ □ □

申し訳ございませんが、それは…。

미안함을 전달함으로써 확실히 거절하지 않고도 거절의 의사를 표현할 수 있습니다.

354

□ □ □

誠に恐れ入りますが…。

恐れ入る는 무언가를 잘못해서 사과하는 것이 아닌, 상대의 제안을 거절하거나 부탁할 때 송구한 마음을 전하는 표현입니다. 자신의 잘못으로 인한 사과는 申し訳ございません이 적절합니다.

355

□ □ □

お気持ちはありがたいのですが…。

상대의 기분을 상하지 않게 거절하는 표현으로 お気持ちは嬉しいのですが(마음은 기쁘지만)와 같이 표현할 수도 있습니다.

356~360.mp3

356

생각할 시간이 필요할 때

조금 더 생각할 시간을 주세요.

단어 힌트 少(すこ)し 조금, 잠시 | 考(かんが)える 생각하다

357

정중하지만 확실히 거절할 때

모처럼의 기회입니다만, 힘들 것 같습니다.

단어 힌트 せっかく 모처럼 | 厳(きび)しい 까다롭다, 어렵다, 심하다

358

정중하지만 확실히 거절할 때

아쉽지만, 받아들이기 어렵습니다.

단어 힌트 残念(ざんねん) 유감스러움 | 受(う)ける 받다

359

지금 당장은 받아들이기 힘들 때

(이번에는) 하지 않기로 결정했습니다.

단어 힌트 見送(みおく)る (기회 등을) 보내다, (사람을) 배웅하다

360

확실하게 거절할 때

희망에 부응하기 어렵습니다.

단어 힌트 希望(きぼう)に添(そ)える 희망에 부응하다

356

もう少(すこ)し考(かんが)えさせてください。

「사역 동사~て＋ください」는 부탁하는 표현이긴 하지만, 자신의 의견을 강하게 어필하는 뉘앙스가 있으므로 예문과 같이 제안을 받는 입장이 아닌 제안을 하는 입장에서는 적절하지 않습니다.

357

せっかくですが、厳(きび)しそうです。

せっかくですが는 부드럽게 거절할 때 사용하는 단골 표현입니다. ~そうだ는 전문과 양태의 두 가지 역할이 있는데, い형용사의 양태(~인 것 같다)의 경우 어미 い를 삭제한 후에 접속합니다.

358

残念(ざんねん)ですが、お受(う)けいたしかねます。

かねる는 동사의 ます형에 접속하여 '~하기 어렵다'라는 뜻이 됩니다.
~するのは難(むずか)しい로 표현할 수도 있어요.

359

見送(みおく)らせていただきます。

見送(みおく)る는 단순 거절이 아닌 '검토해 봤지만, 지금은 하지 않기로 결정했다'는 의미에 가깝습니다.
「사역 동사~て＋いただく」는 '상대의 허락 하에 하다'라는 뜻의 겸양 표현이지만, 뉘앙스에 따라 통보에 가까운 의미로 받아들여질 수 있으므로 사용에 주의해야 합니다.

360

ご希望(きぼう)には添(そ)えません。

에둘러 거절하는 것이 아닌, 명확하고 단호한 거절 표현에 가깝습니다.

361~365.mp3

361

비즈니스 메일의 제목을 작성할 때

[S상사] 견적서 송부 요청

단어 힌트 商事(しょうじ) 상사 | 見積書(みつもりしょ) 견적서 | 送付(そうふ) 송부 | 願(ねが)い 바람, 요청

362

메일로 처음 자기소개를 할 때

처음 인사드립니다. S물산의 이입니다.

단어 힌트 物産(ぶっさん) 물산

363

기존 거래처에 메일을 보낼 때

신세 지고 있습니다. 서입니다.

단어 힌트 世話(せわ)になる 폐를 끼치다, 신세를 지다

364

급히 메일로 용건을 전달할 때

메일로 실례하겠습니다.

단어 힌트 にて ~로 | 失礼(しつれい) 실례

365

메일의 목적을 알릴 때

지급 건으로 메일 드렸습니다.

단어 힌트 支払(しはら)い 지불 | 件(けん) 건

내가 생각한 문장과 비교해 보고
네이티브 표현을 그대로 흡수해 보세요!

361

【S商事(エスしょうじ)】お見積書(みつもりしょ)送付(そうふ)のお願(ねが)い

이메일 제목은 간결하면서 확실하게 쓰고, 소속 회사를 밝히는 것이 좋습니다.

362

はじめまして。S物産(エスぶっさん)の李(イ)です。

처음 이메일을 보낼 때의 인사 표현으로는 はじめまして 또는 お世話(せわ)になります를 사용합니다.

363

お世話(せわ)になっております。徐(ソ)です。

お世話(せわ)になっております는 회화, 이메일, 비즈니스 레터 등 모든 상황에서 사용할 수 있는 인사말입니다.

364

メールにて失礼(しつれい)いたします。

급히 이메일로 전달해야 하는 상황이나 찾아뵐 수 없는 상황, 또는 찾아뵙기 전에 이메일로 먼저 인사하는 경우에 쓰는 인사말입니다. にて와 で 모두 시간과 장소, 수단과 방법 등을 나타내는 격조사로, 의미는 거의 동일하나, にて가 더욱 정중하고 격식을 차린 느낌이 강한 문어체입니다.

365

お支払(しはら)いの件(けん)で
メールいたしました。

인사를 한 후에는 용건을 명확하게 밝히는 것이 좋습니다.

366~370.mp3

366

메일의 목적을 알릴 때

계약 건으로 연락 드렸습니다.

단어 힌트 契約(けいやく) 계약 | 連絡(れんらく) 연락

367

메일의 목적을 알릴 때

표제 건으로 상담드릴 게 있습니다.

단어 힌트 表題(ひょうだい) 표제 | 相談(そうだん) 상담

368

답장을 요청할 때

답장 기다리고 있겠습니다.

단어 힌트 返信(へんしん) 답장, 회신 | 待(ま)つ 기다리다

369

본격적인 용건에 대해 이야기할 때

자 그럼, 지난번 건에 대해서입니다만….

단어 힌트 先(さき) 지난번, 앞 | ~について ~에 대해서

370

편하게 연락 달라고 할 때

사양 말고 연락 주세요.

단어 힌트 遠慮(えんりょ) 사양, 염려 | 連絡(れんらく) 연락

내가 생각한 문장과 비교해 보고
네이티브 표현을 그대로 흡수해 보세요!

366

契約(けいやく)の件(けん)でご連絡(れんらく)いたしました。

겸양 표현「ご + 한자어(명사) + する」에서 する의 겸양어 いたす를 사용하면, 더욱 더 정중한 표현이 됩니다. ご連絡(れんらく)와 いたす는 각각 독립된 단어이므로 이중 경어에 해당하지 않습니다.

367

表題(ひょうだい)の件(けん)でご相談(そうだん)があります。

ご/お(御)가 명사나 형용사 앞에 오면 경어가 됩니다.

368

ご返信(へんしん)お待(ま)ちしております。

겸양 표현「お + ます형 + している」에
いる의 겸양어 おる를 사용하면 더욱 더 정중한 표현이 됩니다.

369

さて、先(さき)の件(けん)についてですが…。

さて는 본론으로 들어가기에 앞서 주위를 환기시키는 표현입니다.

370

ご遠慮(えんりょ)なくご連絡(れんらく)ください。

「ご + 한자어(명사)+ ください」는 정중하게 부탁하는 표현입니다.

371~375.mp3

371

늦은 회신에 대해 사과할 때

답변이 늦었습니다.

단어 힌트 返事(へんじ) 대답, 답장 | 遅(おそ)くなる 늦어지다

372

회신이 늦어진 이유에 대해 설명할 때

휴가로 답변을 못 했습니다.

단어 힌트 休暇(きゅうか) 휴가

373

연달아 이메일을 보낼 때

번번이 (연락드려) 죄송합니다.

단어 힌트 度々(たびたび) 번번이, 재차 | 申(もう)し訳(わけ)ない 죄송하다, 변명의 여지가 없다

374

면담 후에 이메일을 보낼 때

지난번에는 일부러(수고스럽게) 와 주셔서 감사했습니다.

단어 힌트 先日(せんじつ) 지난번 | わざわざ 일부러, 수고스럽게 | お越(こ)しいただく (상대가) 와 주시다

375

문의사항에 답변할 때

문의사항 건에 대해 답변드립니다.

단어 힌트 問(と)い合(あ)わせ 문의(사항) | 件(けん) 건 | 返答(へんとう) 대답, 응답

내가 생각한 문장과 비교해 보고
네이티브 표현을 그대로 흡수해 보세요!

371

お返事(へんじ)が遅(おそ)くなりました。

遅(おそ)くなる는 遅(おそ)い(い형용사)와 なる(동사)가 합쳐진 표현으로, 동사 遅(おく)れる(늦다)와 같은 뜻입니다.

372

休暇(きゅうか)でお返事(へんじ)ができませんでした。

답변이 많이 늦어진 경우에는 늦어진 이유를 설명하기도 하는데,
변명처럼 느껴지지 않도록 간결하게 하는 것이 좋습니다.

373

度々(たびたび)申(もう)し訳(わけ)ありません。

상대가 자신의 이메일에 답변하기 전에 재차 이메일을 보내는 경우에 사용하는 표현입니다.

374

先日(せんじつ)はわざわざお越(こ)しいただき、
ありがとうございました。

お越(こ)し는 상대가 가거나(行(い)くこと) 나에게 와 주는 것(来(く)ること)의 존경 표현입니다.

375

お問(と)い合(あ)わせの件(けん)について
ご返答(へんとう)いたします。

返事(へんじ)는 예, 아니요를 포함한 넓은 의미의 '답변',
返答(へんとう)는 구체적인 내용이나 의뢰에 대한 '답변'을 말합니다.

376~380.mp3

376

파일을 첨부할 때

참고 자료를 첨부합니다.

단어 힌트 参考(さんこう) 참고 | 資料(しりょう) 자료 | 添付(てんぷ) 첨부

377

답변 시기를 알릴 때

일정이 결정되는 대로 연락드리겠습니다.

단어 힌트 日程(にってい) 일정 | 決(き)まる 결정되다 | 連絡(れんらく) 연락

378

구체적인 연락처를 알릴 때

서명란의 연락처로 (연락)부탁드립니다.

단어 힌트 署名欄(しょめいらん) 서명란 | 連絡先(れんらくさき) 연락처

379

메일의 마지막 문구

부디 잘 부탁드립니다.

단어 힌트 何卒(なにとぞ) 부디, 아무쪼록

380

메일의 마지막 문구

계속해서 잘 부탁드립니다.

단어 힌트 引(ひ)き続(つづ)き 계속, 계속해서

376

参考資料を添付いたします。

(さんこうしりょう / てんぷ)

상대가 파일을 확인하지 못하고 지나치는 것을 방지하기 위해
첨부 파일의 유무를 메일에서 언급하는 것이 좋습니다.

377

日程が決まり次第、ご連絡いたします。

(にってい / き / しだい / れんらく)

「동사의 ます형＋次第(しだい)」는 '～하는 대로'라는 의미로 사용됩니다.

378

署名欄の連絡先にお願いします。

(しょめいらん / れんらくさき / ねが)

署名欄(しょめいらん)에는 주로 이름, 회사명, 부서명, 연락처, 회사 주소, 회사 홈페이지 등을 입력합니다.

379

何卒よろしくお願いします。

(なにとぞ / ねが)

비즈니스 회화에서도 이메일에서도 끝맺음 인사말로 자주 쓰이는 표현입니다.

380

引き続きよろしくお願いします。

(ひ / つづ / ねが)

계속해서 인연을 이어갈 거래처와의 끝맺음 인사말로 사용됩니다.
이메일은 물론 비즈니스 회화에서도 자주 사용됩니다.

381~385.mp3

381

처음 전화하는 사람과 인사할 때

신세 지겠습니다.

382

회사와 이름을 밝힐 때

저는 S상사의 야마다라고 합니다.

단어 힌트 商事(しょうじ) 상사 | 申(もう)す 말씀드리다

383

전화 연결을 부탁할 때

영업부의 타다 씨를 부탁합니다.

단어 힌트 営業部(えいぎょうぶ) 영업부

384

전화 연결을 부탁할 때

하야시 씨에게 연결해 주실 수 있나요?

단어 힌트 繋(つな)ぐ 연결하다

385

통화가 가능한지 물을 때

야마다 씨는 지금 통화 가능하신가요?

단어 힌트 手(て)すき 손이 빔, 틈이 남 | いらっしゃる 있다(いる)의 존경어

381

お世話(せわ)になります。

처음 연락하는 회사의 담당자에게 하는 인사말로, 앞으로 신세를 지겠다 즉, 앞으로 잘 부탁한다는 의미로 사용됩니다. 한 번 이상 연락을 한 경험이 있을 때는 いつもお世話(せわ)になっております(항상 신세 지고 있습니다)로 인사하는 경우가 많습니다.

382

私(わたくし)、S商事(エスしょうじ)の山田(やまだ)と申(もう)します。

私(わたくし)는 私(わたし)보다 더 정중한 표현으로, 남녀 구분 없이 사용할 수 있습니다.

383

営業部(えいぎょうぶ)の多田様(ただされ)をお願(ねが)いします。

일본에서는 주로 성씨만으로 호칭을 부르며, 이름은 가족이나 친한 사이에서 부르는 경우가 많습니다. 하지만 흔한 성씨인 경우에는 한 회사에도 여러 명 있을 수 있으므로 부서도 함께 말하는 것이 좋습니다.

384

林様(はやしさま)にお繋(つな)ぎいただけますか。

「お + ます형+いただけますか」는 '~해 주실 수 있으실까요?'로 해석하며 상대에게 아주 공손하게 부탁하는 표현입니다.

385

山田様(やまださま)はお手(て)すきでいらっしゃいますか。

~でいらっしゃる는 한국어의 '~이시다'와 같이 주어를 높이는 표현입니다. お手(て)すきでいらっしゃいますか는 통화 외의 상황에도 자주 쓰이므로 통째로 외우는 것이 좋습니다.

386~390.mp3

386

급하게 전달할 것이 있을 때

급하게 전달드리고 싶은 것이 있습니다.

단어 힌트 至急(しきゅう) 급함 | 伝(つた)える 전달하다 | ます형 + たい ~하고 싶다

387

부재중인 상대의 복귀 시간을 물을 때

몇 시쯤 돌아오실 예정입니까?

단어 힌트 ～ごろ ~경, 쯤 | 戻(もど)る 되돌아오(가)다 | 予定(よてい) 예정

388

다시 연락하겠다고 전할 때

이쪽에서 다시 전화 드리겠습니다.

단어 힌트 改(あらた)めて 새로, 다시 | 電話(でんわ) 전화

389

다시 연락하겠다고 전할 때

그럼, 나중에 다시 걸겠습니다.

단어 힌트 後(のち)ほど 추후, 나중에 | かけ直(なお)す (전화를) 다시 걸다

390

곧바로 연락하겠다고 전할 때

곧바로 연락드리겠습니다.

단어 힌트 折(お)り返(かえ)し 지체 없이 바로 함 | 連絡(れんらく) 연락

내가 생각한 문장과 비교해 보고
네이티브 표현을 그대로 흡수해 보세요!

386

至急(しきゅう)お伝(つた)えしたいことがございます。

겸양 표현인 「お+ます형+する」와 희망 표현 ~たい가 합쳐진 표현입니다.
至急(しきゅう) 대신에 早速(さっそく)(즉시)를 사용해도 무방합니다.

387

何時(なんじ)ごろお戻(もど)りの予定(よてい)ですか。

동사 戻(もど)る(되돌아오다)를 명사 戻(もど)り(되돌아옴)와 같이 ます형으로 바꾸는 것으로 동사를 명사화할 수 있습니다. 다만 모든 동사에 적용되는 것은 아닙니다.

388

こちらから改(あらた)めてお電話(でんわ)いたします。

こちら는 ここ의 정중한 표현입니다.
같은 방식으로 そこ는 そちら, あそこ는 あちら, どこ는 どちら로 표현합니다.

389

では、後(のち)ほどおかけ直(なお)しいたします。

後(のち)ほど는 後(あと)で의 정중한 표현입니다. 後(のち)ほど는 가까운 미래를 의미하므로 택배와 같이 수일이 걸리는 상황에서는 사용하지 않습니다.

390

折(お)り返(かえ)しご連絡(れんらく)いたします。

折(お)り返(かえ)し를 한마디로 직역하기는 어려우나, 折(お)り返(かえ)し(ご)連絡(れんらく) 또는 折(お)り返(かえ)し(お)電話(でんわ)와 같이 전화를 받은 쪽에서 전화를 끊었다가 바로 전화를 건다는 뜻으로 사용되고 있습니다.

391~395.mp3

391

전화를 받을 때

전화 주셔서 감사합니다.

단어 힌트 電話(でんわ) 전화

392

전화가 오래 울린 후 받았을 때

기다려 주셔서 감사합니다. K상사입니다.

단어 힌트 待(ま)たせる 기다리게 하다 | 商事(しょうじ) 상사

393

담당자가 자리에 없을 때

지금 자리에 없습니다.

단어 힌트 ただいま 지금, 현재 | 席(せき)を外(はず)す 자리를 비우다

394

담당자가 통화 중일 때

다른 전화를 응대하고 있습니다만.

단어 힌트 他(ほか) 다른 것 | 電話(でんわ)に出(で)る 전화를 받다

395

담당자가 접객 중일 때

지금 접객 중입니다.

단어 힌트 接客(せっきゃく) 접객

391

お電話(でんわ)ありがとうございます。

회사마다 정해진 인사말이 있는 경우도 있지만, 대부분의 경우
お電話(でんわ)ありがとうございます와 함께 회사명을 붙이는 경우가 많습니다.

392

お待(ま)たせいたしました。
K商事(ケーしょうじ)でございます。

전화음이 오래 울린 후 받았을 경우에 하는 인사말입니다.

393

ただいま席(せき)を外(はず)しております。

席(せき)を外(はず)す는 잠시 자리를 비운 경우에 사용하며, 외출이나 출장의 경우에는
外出(がいしゅつ)しております, 出張(しゅっちょう)しております 등으로 표현합니다.

394

他(ほか)の電話(でんわ)に出(で)ておりますが。

'전화를 받다'는 電話(でんわ)を受(う)ける, 電話(でんわ)に対応(たいおう)する 등으로 표현할 수 있습니다.

395

ただいま接客中(せっきゃくちゅう)でございます。

～でございます는 ～です를 더 정중하게 한 표현입니다.

396

담당자에게 통화 내용을 전달하게 되었을 때

담당자에게 전달해 두겠습니다.

단어 힌트 担当者(たんとうしゃ) 담당자 | 伝(つた)える 전달하다

397

담당자를 바꿔줄 때

인사부의 쓰지 말씀이시군요. 지금 바꿔 드리겠습니다.

단어 힌트 ただいま 지금, 현재 | かわる 바꾸다

398

전화를 바꿔 받았을 때

전화 바꿨습니다. 다나카입니다.

단어 힌트 電話(でんわ)をかわる 전화를 바꿔 받다

399

상대의 전화번호를 재확인할 때

전화번호 재확인하겠습니다.

단어 힌트 電話番号(でんわばんごう) 전화번호 | 復唱(ふくしょう) 복창, 반복해서 읽음

400

전화가 잘 들리지 않을 때

조금 전화감이 먼 것 같습니다만.

단어 힌트 少(すこ)し 조금, 약간 | 遠(とお)い 멀다

396

担当者(たんとうしゃ)に伝(つた)えておきます。

본인 회사 사람에게는 担当の方(たんとうのかた)와 같은 경어를 쓰지 않도록 주의해야 합니다.

397

人事部(じんじぶ)の辻(つじ)ですね。ただいまかわります。

少々お待ちください(しょうしょうおまちください)(잠시만 기다려 주십시오)를 곁들여 주면 더 정중한 인상을 줄 수 있습니다.

398

お電話(でんわ)かわりました。田中(たなか)です。

전화를 바꿔 받을 때 가장 먼저 하는 인사말이지만, はい、人事(じんじ)の田中(たなか)です(네, 인사부의 다나카입니다)와 같이 바로 부서와 이름을 말하는 경우도 많습니다.

399

お電話番号(でんわばんごう)を復唱(ふくしょう)いたします。

잘못 전달되는 것을 방지하기 위해 전화번호 등을 다시 읽은 후, こちらの番号(ばんごう)でお間違(まちが)いないでしょうか(이 번호로 틀림없습니까?)라고 덧붙여 주면 좋습니다.

400

少(すこ)しお電話(でんわ)が遠(とお)いようなんですが。

전화의 목소리가 잘 들리지 않는 상황은 電話(でんわ)が遠(とお)い, 전파의 상태가 좋지 않을 때는 電波(でんぱ)が悪(わる)い로 표현합니다.

망각방지 장치 1

하루만 지나도 학습한 내용의 50%는 잊어버립니다. 여러분은 몇 퍼센트나 잊어버렸을까요?
25개 표현을 입으로 말해 보고 생각나지 않는 표현은 제시된 번호로 돌아가 다시 확인해 보세요!

			O	X	복습
01	그렇게 말씀하셔도….	そう ____ ても…。	□	□	352
02	대단히 죄송합니다만….	誠に ____ ますが…。	□	□	354
03	마음은 감사합니다만….	____ はありがたいのですが…。	□	□	355
04	모처럼의 기회입니다만, 힘들 것 같습니다.	____ ですが、厳しそうです。	□	□	357
05	아쉽지만, 받아들이기 어렵습니다.	____ ですが、お受けいたしかねます。	□	□	358
06	(이번에는) 하지 않기로 결정했습니다.	____ ていただきます。	□	□	359
07	희망에 부응하기 어렵습니다.	ご希望には ____ ません。	□	□	360
08	지급 건으로 메일 드렸습니다.	____ の件でメールいたしました。	□	□	365
09	답장 기다리고 있겠습니다.	____ お待ちしております。	□	□	368
10	자 그럼, 지난번 건에 대해서입니다만….	____ 、先の件についてですが…。	□	□	369
11	사양 말고 연락 주세요.	ご ____ なくご連絡ください。	□	□	370
12	답변이 늦었습니다.	お ____ が遅くなりました。	□	□	371
13	번번이 (연락드려) 죄송합니다.	____ 申し訳ありません。	□	□	373

정답 01 言われ 02 恐れ入り 03 お気持ち 04 せっかく 05 残念 06 見送らせ 07 添え 08 お支払い 09 ご返信 10 さて 11 遠慮 12 返事 13 度々

			○	✕	복습
14	문의사항 건에 대해 답변드립니다.	＿＿＿の件(けん)について ご返答(へんとう)いたします	☐	☐	375
15	참고 자료를 첨부합니다.	参考資料(さんこうしりょう)を＿＿＿いたします。	☐	☐	376
16	일정이 결정되는 대로 연락드리겠습니다.	日程(にってい)が決(き)まり＿＿＿、ご連絡(れんらく)いたします。	☐	☐	377
17	부디 잘 부탁드립니다.	＿＿＿よろしくお願(ねが)いします。	☐	☐	379
18	계속해서 잘 부탁드립니다.	＿＿＿よろしくお願(ねが)いします。	☐	☐	380
19	신세 지겠습니다.	＿＿＿になります。	☐	☐	381
20	하야시 씨에게 연결해 주실 수 있나요?	林様(はやしさま)に＿＿＿いただけますか。	☐	☐	384
21	급하게 전달드리고 싶은 것이 있습니다.	＿＿＿お伝(つた)えしたいことがございます。	☐	☐	386
22	그럼, 나중에 다시 걸겠습니다.	では、＿＿＿おかけ直(なお)しいたします。	☐	☐	389
23	곧바로 연락드리겠습니다.	＿＿＿ご連絡(れんらく)いたします。	☐	☐	390
24	전화 바꿨습니다. 다나카입니다.	お電話(でんわ)＿＿＿。田中(たなか)です。	☐	☐	398
25	조금 전화감이 먼 것 같습니다만.	少(すこ)しお電話(でんわ)が＿＿＿ようなんですが。	☐	☐	400

맞은 개수: 25개 중 ＿＿＿ 개

당신은 그동안 ＿＿＿%를 잊어버렸습니다.
틀린 문장들은 다시 한번 보고 넘어가세요.

정답 14 お問(と)い合(あ)わせ 15 添付(てんぷ) 16 次第(しだい) 17 何卒(なにとぞ) 18 引(ひ)き続(つづ)き 19 お世話(せわ) 20 お繋(つな)ぎ 21 至急(しきゅう) 22 後(のち)ほど 23 折(お)り返(かえ)し 24 かわりました 25 遠(とお)い

망각방지 장치 2

일주일이 지나면 학습한 내용의 70%를 잊어버립니다.
여러분은 몇 퍼센트나 기억하고 있을까요? 대화문으로 확인해 보세요.

031 상대 회사의 안내 데스크에서 방문 목적을 알릴 때 kaiwa 031.mp3

A いらっしゃいませ。どちら様(さま)でしょうか。

B 私(わたし)、S貿易(エスぼうえき)の李(イ)と申(もう)します。
미팅 건으로 방문했습니다. 314
営業部(えいぎょうぶ)の 쓰지 씨와 11시에 약속되어 있습니다. 313

A かしこまりました。お取(と)り次(つ)ぎいたしますので、少々(しょうしょう)お待(ま)ちいただけますか。

단어 貿易(ぼうえき) 무역 | 取(と)り次(つ)ぐ 전하다, 전달하다

032 거래처 상대와 처음 만날 때 kaiwa 032.mp3

A 하야시 부장님의 소개로 왔습니다. 312

B 坂田(さかた)です。よろしくお願(ねが)いします。

A 김이라고 합니다. 잘 부탁드립니다. 301

B どうぞおかけください。

단어 おかけください 앉으세요

031

A 어서 오세요. 어디서 오신 분인가요?

B 저는 S무역의 이라고 합니다.
打ち合わせの件で伺いました。314
영업부의 辻様と11時にお約束をしています。313

A 알겠습니다. 전달해 드릴테니
잠시만 기다려 주시겠습니까?

032

A 林部長の紹介で参りました。312

B 사카타입니다. 잘 부탁드립니다.

A 金と申します。よろしくお願いいたします。301

B 편히 앉으세요.

033 감사의 의미로 선물을 건넬 때

kaiwa 033.mp3

A　지난번에는 잘 먹었습니다. 307

B　とんでもないです。

A　あと、별 건 아니지만, 309
혹시 괜찮으시면 받아 주세요. 310

B　これはどうも。ありがたく頂戴(ちょうだい)します。

단어 頂戴(ちょうだい)する 받다

034 미팅을 마무리할 때

kaiwa 034.mp3

A　では、今日(きょう)はこれで…。

B　はい、오늘은 감사했습니다. 328

A　いいえ、こちらこそ
비도 오는데 와 주셔서 감사합니다. 324

B　では、次回(じかい)は15日(じゅうごにち)にまたお伺(うかが)いします。

단어 伺(うかが)う '방문하다'의 겸양어

033

A この間はご馳走様でした。307

B 당치도 않습니다.

A 그리고, 大したものではありませんが、309
もしよろしかったらどうぞ。310

B 이거 감사합니다. 감사히 잘 받겠습니다.

034

A 그럼, 오늘은 이걸로….

B 네, 本日はありがとうございました。328

A 아니에요, 저야말로
雨の中をわざわざすみません。324

B 그럼, 다음은 15일에 다시 찾아뵙겠습니다.

035 다음 미팅 일정을 잡을 때

kaiwa 035.mp3

A　次の打ち合わせは、いつにいたしましょうか。

B　金さんのご都合のいい日で大丈夫です。

A　では、21日はいかがでしょうか。
다음번에는 제가 찾아뵐테니까요. 329

B　21日なら大丈夫です。
앞으로도 잘 부탁드립니다. 330

단어　都合(つごう) 사정, 형편

036 용건에 대해 본격적인 이야기를 시작할 때

kaiwa 036.mp3

A　早速ですが、ご提案した件は 검토해 주셨습니까? 337

B　はい、上司も大変乗り気でありまして、
ぜひ進めたいとのことでした。

A　よかったです！ 私もほっといたしました。

B　日程については
맡기겠습니다(알아서 잘 부탁드립니다). 344

단어　乗(の)り気(き) 마음이 내킴 | ほっとする 안심하다, 마음이 놓이다

035

A 다음 미팅은 언제로 할까요?

B 김 씨가 편하신 날로 괜찮습니다.

A 그럼, 21일은 어떠신가요?
今度(こんど)はこちらから伺(うかが)いますので。 329

B 21일이라면 괜찮습니다.
今後(こんご)ともよろしくお願(ねが)いします。 330

036

A 본론으로 들어가서, 제안드린 건은
ご検討(けんとう)いただけましたか。 337

B 네, 상사도 매우 마음에 들어 해서,
꼭 진행을 하고 싶다고 했습니다.

A 다행입니다! 저도 안심했습니다.

B 일정에 관해서는 お任(まか)せします。 344

037 상대의 제안을 거절할 때

kaiwa 037.mp3

A　では、用件(ようけん)を先(さき)に済(す)ませてしまいましょう。

B　そうですね。結論(けつろん)から申(もう)し上(あ)げますと、
今回(こんかい)は 하지 않기로 결정했습니다. 359

A　そうですか。
もう一度(いちど)考(かんが)えていただけないでしょうか。

B　그렇게 말씀하셔도…. 352

단어　済(す)ませる 끝내다, 끝마치다 | 結論(けつろん) 결론

038 상대의 제안에 시간을 요구할 때

kaiwa 038.mp3

A　では、이 안으로 괜찮으신가요? 336

B　これなら当社(とうしゃ)としても문제 없습니다만…. 342
一応(いちおう)、上司(じょうし)と相談(そうだん)してからでもいいでしょうか。

A　はい、もちろんです。
ご返答(へんとう)をお待(ま)ちしております。

단어　相談(そうだん) 상담, 상의

037

A 그럼, 용건을 먼저 끝내 버리죠.

B 그래요. 결론부터 말씀드리자면,
이번에는 見送らせていただきます。359

A 그렇습니까? 다시 한번 생각해 주실 수 없으실까요?

B そう言われても…。352

038

A 그럼, この案でいかがでしょうか。336

B 이거라면 당사로서도 問題ございませんが…。342
일단, 상사와 상의하고 나서라도 괜찮을까요?

A 네, 물론이죠.
답변 기다리고 있겠습니다.

039 거래처에 전화를 걸 때

kaiwa 039.mp3

A　お世話になっております。

저는 S상사의 김이라고 합니다. 382

B　いつもお世話になっております。

A　営業1課の 야마다 씨는 지금 통화 가능하신가요? 385

B　はい、少々お待ちください。

단어 手(て)すき 시간이 남, 여가

040 전화 연결 상태가 좋지 않을 때

kaiwa 040.mp3

A　お待たせいたしました。K商事です。

B　S貿易の金と申します。

하야시 씨에게 연결해 주실 수 있나요? 384

A　申し訳ございません。

조금 전화감이 먼 것 같습니다만. 400

B　私、S貿易の金と申しますが。

단어 商事(しょうじ) 상사 | 貿易(ぼうえき) 무역

039

A　신세 지고 있습니다.
私(わたし)、S商事(エスしょうじ)の金(キム)と申(もう)します。382

B　항상 신세 지고 있습니다.

A　영업 1과의 山田様(やまださま)はお手(て)すきでいらっしゃいますか。385

B　네, 잠시만 기다려 주십시오.

040

A　기다려 주셔서 감사합니다. K상사입니다.

B　S무역의 김이라고 합니다.
林様(はやしさま)にお繋(つな)ぎいただけますか。384

A　죄송합니다.
少(すこ)しお電話(でんわ)が遠(とお)いようなんですが。400

B　저, S무역의 김이라고 하는데요.

Part
5

취업/면접 상황에서 주고받는 **질문/답변 표현 100**

일본 기업에 취업할 경우 면접에서 받게 될 질문 중 출제 빈도가 높은 질문을 엄선하여 모았습니다. 질문에 대응할 수 있는 대답과 함께 역으로 면접관에게 하게 될 질문, 돌발 상황에 대비한 표현까지 다양하게 담았으며, 질문에 대응하는 방법까지 자세하게 소개했습니다.

401

자기소개를 요구할 때

자기 PR을 부탁드립니다.

단어 힌트 自己PR(じこピーアール) 자기 PR

402

지원 동기를 물을 때

당사에 지원한 이유는 무엇입니까?

단어 힌트 当社(とうしゃ) 당사 | 志望(しぼう) 지망 | 理由(りゆう) 이유

403

퇴사 이유를 물을 때

전 직장의 퇴직 이유는 무엇입니까?

단어 힌트 前職(ぜんしょく) 전 직장 | 退職(たいしょく) 퇴직

404

직무 경력을 물을 때

직무 경력을 알려 주세요.

단어 힌트 職務(しょくむ) 직무 | 経歴(けいれき) 경력 | 教(おし)える 알리다, 가르치다

405

이직 이유를 물을 때

이직이 많습니다만, 이유는 무엇입니까?

단어 힌트 転職(てんしょく) 이직 | 多(おお)い 많다

401

自己(じこ)PR(ピーアール)をお願(ねが)いします。

업무적으로 활약할 수 있는 본인의 강점을 어필하는 것이 좋습니다.

402

当社(とうしゃ)を志望(しぼう)した理由(りゆう)は何(なん)ですか。

결론부터 간결하게 이야기한 다음, 이를 뒷받침할 수 있는 경험과 능력을 어필하는 것이 좋습니다.

403

前職(ぜんしょく)の退職理由(たいしょくりゆう)は何(なん)ですか。

퇴직 이유는 전 직장의 불만을 늘어놓는 것보다
현재의 지원 동기로 연결시킬 수 있는 내용이 좋습니다.

404

職務経歴(しょくむけいれき)を教(おし)えてください。

회사에서 활약할 만한 인재인지 확인하기 위한 질문으로,
지원 업무와 관련된 경력을 어필하는 것이 좋습니다.

405

転職(てんしょく)が多(おお)いですが、なぜですか。

이러한 질문을 피하기 위해서는 지원 직무와 무관하며
재직 기간이 짧은 경력은 생략하는 것도 좋습니다.

406~410.mp3

406

공백 기간을 물을 때

공백 기간에는 무엇을 하셨습니까?

단어 힌트 ブランク 공백, 공란 | 間(あいだ) 사이, ~하는 동안

407

일의 보람에 대해 물을 때

언제 일의 보람을 느끼나요?

단어 힌트 仕事(しごと) 일, 업무 | やり甲斐(がい)を感(かん)じる 보람을 느끼다

408

구체적인 지원 동기를 물을 때

왜 동종 업계의 타사가 아닌 당사를 골랐나요?

단어 힌트 同業(どうぎょう) 동종 업계 | 他社(たしゃ) 다른 회사 | 選(えら)ぶ 고르다

409

입사 후 실현하고 싶은 꿈에 대해 물을 때

당사에서 실현하고 싶은 꿈은 무엇입니까?

단어 힌트 当社(とうしゃ) 당사 | 実現(じつげん) 실현 | 夢(ゆめ) 꿈

410

지원한 회사의 순서를 물을 때

당사가 제1 지망입니까?

단어 힌트 第一志望(だいいちしぼう) 제1 지망

내가 생각한 문장과 비교해 보고
네이티브 표현을 그대로 흡수해 보세요!

406

ブランクの間(あいだ)は何(なに)をしてましたか。

'경력 단절 구간'을 ブランク(blank)라고 하며, 공백 기간을 갖은 특별한 이유가 없는 경우 자기 개발이나 이직 활동에 힘쓴 것을 어필하는 것이 좋습니다.

407

いつ仕事(しごと)のやり甲斐(がい)を感(かん)じますか。

甲斐(がい)는 동사의 ます형이나 명사에 접속하여 '~하는 보람, ~할 만한 값어치'로 해석됩니다. やり甲斐(がい)는 やる(하다)의 ます형 やり에 甲斐(がい)가 접속한 형태입니다.

408

なぜ同業他社(どうぎょうたしゃ)ではなく
当社(とうしゃ)を選(えら)んだんですか。

지원한 회사만의 특징, 장점을 명확하게 대답하는 것이 좋습니다.

409

当社(とうしゃ)で実現(じつげん)したい夢(ゆめ)は何(なん)ですか。

막연한 목표가 아닌 구체적인 기간, 직무, 포지션을 어필하는 것이 좋습니다.

410

当社(とうしゃ)が第一志望(だいいちしぼう)ですか。

거짓말을 할 필요는 없지만, 입사 의지를 강하게 어필하는 것이 좋습니다.

411~415.mp3

411

지원한 다른 회사가 있는지 물을 때

당사 외에 지원한 기업은 있습니까?

단어 힌트 当社(とうしゃ) 당사 | 以外(いがい) 이외 | 受(う)ける 응시하다 | 企業(きぎょう) 기업

412

향후 익히고 싶은 기술을 물을 때

앞으로 익히고 싶은 스킬은 있습니까?

단어 힌트 今後(こんご) 향후, 앞으로 | 身(み)に付(つ)ける 몸에 익히다 | スキル 스킬

413

입사 가능 시기에 대해 물을 때

입사 가능 시기는 언제입니까?

단어 힌트 入社(にゅうしゃ) 입사 | 可能(かのう) 가능 | 時期(じき) 시기

414

내정 후 입사 여부에 대해 물을 때

내정을 받으면 입사할 건가요?

단어 힌트 内定(ないてい)をもらう 내정을 받다

415

일본에서 일하고 싶은 이유에 대해 물을 때

어째서 일본에서 일하고 싶습니까?

단어 힌트 日本(にほん) 일본 | 働(はたら)く 일하다

내가 생각한 문장과 비교해 보고
네이티브 표현을 그대로 흡수해 보세요!

411

当社以外に受けている企業はありますか。

とうしゃいがい う きぎょう

다른 지원 회사가 있다면 솔직하게 대답하는 것이 좋습니다.

412

今後身に付けたいスキルはありますか。

こんご み つ

본인이 지원한 직무와 관련 있는 스킬과 구체적인 방향 및 계획을 짧게 이야기하는 것이 좋습니다.

413

入社可能時期はいつですか。

にゅうしゃ かのう じき

전 직장을 퇴사하지 않은 이직자의 경우,
구체적인 일정은 전 회사와 조율한 후에 전달하는 것이 좋습니다.

414

内定をもらったら入社しますか。

ないてい にゅうしゃ

입사 의지를 강하게 어필하는 것이 좋습니다.

415

どうして日本で働きたいんですか。

にほん はたら

단순히 '일본이 좋아서', '일본 문화에 관심이 있어서'가 아닌,
일본이 가진 강점, 특징을 본인과 연결시켜 대답하는 것이 좋습니다.

416~420.mp3

416

일본에서 배우고 싶은 것에 대해 물을 때

일본에서 무엇을 배우고 싶습니까?

단어 힌트 学(まな)ぶ 배우다

417

일본어 공부법에 대해 물을 때

일본어 공부 방법은?

단어 힌트 日本語(にほんご) 일본어 | 勉強(べんきょう) 공부 | 方法(ほうほう) 방법

418

일본 생활의 힘든 점에 대해 물을 때

일본 생활에서 가장 힘들었던 것은?

단어 힌트 生活(せいかつ) 생활 | 一番(いちばん) 가장 | 大変(たいへん)だ 힘들다

419

외국어 능력에 대해 물을 때

일본어 외에 할 수 있는 언어는 있습니까?

단어 힌트 以外(いがい) 이외 | 言語(げんご) 언어

420

해외 경험에 대해 물을 때

해외 경험은 있습니까?

단어 힌트 海外経験(かいがいけいけん) 해외 경험

내가 생각한 문장과 비교해 보고
네이티브 표현을 그대로 흡수해 보세요!

416

日本(にほん)で何(なに)を学(まな)びたいですか。

취미 활동, 일본에서만 할 수 있는 것 등을 언급해
오로지 취업만을 위해 일본에 오는 것이 아님을 어필하면 좋습니다.

417

日本語(にほんご)の勉強方法(べんきょうほうほう)は？

꾸며낼 필요 없이 솔직하게 대답하는 것이 좋습니다.
너무 평범한 대답이라면 '진부하지만(ありきたりの話(はなし)ですが)'을 덧붙이는 것도 좋습니다.

418

日本生活(にほんせいかつ)で一番(いちばん)
大変(たいへん)だったことは？

개선할 수 없는 단점이 아닌, 본인의 노력으로 개선할 수 있었던 일을 말하는 것이 좋습니다.

419

日本語以外(にほんごいがい)にできる言語(げんご)は
ありますか。

이력서에 영어 또는 다른 외국어의 시험 점수를 적었다면, 그 언어로 질문을 하는 경우도 종종 있습니다.

420

海外経験(かいがいけいけん)はありますか。

해외 경험에서 배운 것을 직무와 연관시켜 대답하면 더욱 좋습니다.

421~425.mp3

421

장단점에 대해 물을 때

장점과 단점을 알려 주세요.

단어 힌트 長所(ちょうしょ) 장점 | 短所(たんしょ) 단점 | 教(おし)える 가르치다, 알리다

422

자신의 어필 포인트에 대해 물을 때

자신의 어필 포인트는 무엇입니까?

단어 힌트 自身(じしん) 자신 | アピールポイント 어필 포인트(장점)

423

자신의 채용 메리트에 대해 물을 때

당신을 채용하는 메리트는 뭐라고 생각합니까?

단어 힌트 採用(さいよう) 채용 | メリット 메리트, 장점 | 思(おも)う 생각하다

424

취미에 대해 물을 때

취미는 무엇입니까?

단어 힌트 趣味(しゅみ) 취미

425

존경하는 사람에 대해 물을 때

존경하는 사람은 누구인가요?

단어 힌트 尊敬(そんけい) 존경

내가 생각한 문장과 비교해 보고
네이티브 표현을 그대로 흡수해 보세요!

421

長所(ちょうしょ)と短所(たんしょ)を教(おし)えてください。

단점의 경우 치명적이지 않으면서도 극복을 위해 노력 중이거나
이미 극복한 단점을 말하는 것이 좋습니다.

422

ご自身(じしん)のアピールポイントは何(なん)ですか。

꼭 직무와 연관되지 않더라도 사회성이나 끈기 등 긍정적인 면을 어필하는 것이 좋습니다.

423

あなたを採用(さいよう)するメリットは何(なん)だと思(おも)いますか。

직무와 연관되는 장점을 말하는 것이 좋습니다.

424

趣味(しゅみ)は何(なん)ですか。

꾸미지 않은 솔직한 대답을 하는 것이 좋습니다.

425

尊敬(そんけい)している人(ひと)は誰(だれ)ですか。

존경하는 인물보다는 존경하는 이유가 주된 내용이 되어야 합니다.

426~430.mp3

426

학창 시절의 도전 과제에 대해 물을 때

학창 시절에 도전했던 것은?

단어 힌트 学生時代(がくせいじだい) 학창 시절 | 挑戦(ちょうせん) 도전

427

지금까지의 성공 경험에 대해 물을 때

지금까지의 성공 경험을 알려 주세요.

단어 힌트 成功(せいこう) 성공 | 体験(たいけん) 체험, 경험 | 教(おし)える 알리다, 가르치다

428

지금까지의 실패 경험에 대해 물을 때

큰 실패를 한 경험이 있습니까?

단어 힌트 大(おお)きな 큰 | 失敗(しっぱい) 실패

429

실패 경험에서 배운 것에 대해 물을 때

실패에서 배운 것은?

단어 힌트 学(まな)ぶ 배우다

430

인간 관계에서의 고민에 대해 물을 때

인간 관계에 고민한 적이 있습니까?

단어 힌트 人間関係(にんげんかんけい) 인간 관계 | 悩(なや)む 고민하다, 걱정하다

426

学生時代に挑戦したことは？

도전성, 끈기, 리더십 등을 뒷받침할 수 있는 내용이 좋습니다.

427

今までの成功体験を教えてください。

결론→에피소드→입사 후 그것을 어떻게 살릴 수 있을 것인지의 순서로 말하는 것이 좋습니다.

428

大きな失敗をしたことはありますか。

인간 관계, 학교 성적, 업무 성과 등 예시를 다양하게 들 수 있습니다.

429

失敗から学んだことは？

실패에서 배운 점과 이를 극복하기 위해 했던 노력에 대해 설명을 덧붙이는 것이 좋습니다.

430

人間関係で悩んだことはありますか。

상대를 탓하는 것이 아닌, 어떻게 문제를 극복했는지를 중점으로 말하는 것이 좋습니다.

431~435.mp3

431

스트레스에 대해 물을 때

언제 스트레스를 느끼나요?

단어 힌트 ストレスを感(かん)じる 스트레스를 느끼다

432

업무 스트레스에 대해 물을 때

업무에서 화를 낸 적이 있습니까?

단어 힌트 仕事(しごと) 일, 업무 | 腹(はら)を立(た)てる 화를 내다

433

스트레스 해소법에 대해 물을 때

스트레스 해소법은 무엇입니까?

단어 힌트 ストレス 스트레스 | 解消法(かいしょうほう) 해소법

434

자신을 한 단어로 표현할 때

자신을 한 마디로 표현한다면?

단어 힌트 自分(じぶん) 자신 | 一言(ひとこと) 한 마디 | 表(あらわ)す 표현하다

435

이루어야 할 과제에 대해 물을 때

지금 당신의 과제는 무엇입니까?

단어 힌트 課題(かだい) 과제

431

いつストレスを感(かん)じますか。

타인으로 인한 스트레스보다는 본인 스스로 해결할 수 있는 스트레스를 말하는 것이 좋습니다.

432

仕事(しごと)で腹(はら)を立(た)てたことはありますか。

지원자가 업무 중 스트레스에 가장 취약한 상황을 묻는 질문입니다.

433

ストレス解消法(かいしょうほう)は何(なん)ですか。

노래방, 산책, 수영 등 일상적이면서도 쉽게 할 수 있는 활동이면 더욱 좋습니다.

434

自分(じぶん)を一言(ひとこと)で表(あらわ)すと？

부정적인 인상을 주는 단어나 이유와 모순되는 단어는 지양하는 것이 좋습니다.

435

今(いま)のあなたの課題(かだい)は何(なん)ですか。

업무 경험이 없는 지원자는 자신의 약점을 어떻게 극복해 나갈 것인지
구체적인 방향성과 함께 이야기하는 것이 좋습니다.

436~440.mp3

436

군대에서 배운 것에 대해 물을 때

군대에서는 무엇을 배웠습니까?

단어 힌트 軍隊(ぐんたい) 군대 | 学(まな)ぶ 배우다

437

아르바이트 경험에 대해 물을 때

아르바이트 경험은 있습니까?

단어 힌트 アルバイト 아르바이트 | 経験(けいけん) 경험

438

주위로부터의 평가에 대해 물을 때

주위로부터의 당신의 평가는 어떻습니까?

단어 힌트 周囲(しゅうい) 주변, 주변 사람 | 評価(ひょうか) 평가

439

휴학 이유에 대해 물을 때

휴학을 한 이유는 무엇인가요?

단어 힌트 休学(きゅうがく) 휴학 | 理由(りゆう) 이유

440

여가 시간을 보내는 방법을 물을 때

쉴 때는 무엇을 하나요?

단어 힌트 休(やす)み 휴일, 쉼

내가 생각한 문장과 비교해 보고
네이티브 표현을 그대로 흡수해 보세요!

436

軍隊(ぐんたい)では何(なに)を学(まな)びましたか。

협력성, 끈기 등 업무에도 플러스 요인이 되는 것이 좋습니다.

437

アルバイトの経験(けいけん)はありますか。

이러한 사회적 경험은 아주 중요하므로 단기 아르바이트라도 이야기하는 것이 좋습니다.

438

周囲(しゅうい)のあなたへの評価(ひょうか)は
どうですか。

장점과도 이어지는 질문입니다.

439

休学(きゅうがく)した理由(りゆう)は何(なん)ですか。

일본에 비해 한국은 대학교를 휴학하는 사람이 많기 때문에 자주 나오는 질문입니다.

440

休(やす)みの時(とき)は何(なに)をしていますか。

지원자의 성향, 스트레스를 해소하는 방법 등을 묻는 질문이기도 합니다.

441~445.mp3

441

열중하는 것에 대해 물을 때

뭔가 푹 빠져서 열중할 수 있는 일은 있나요?

단어 힌트 夢中(むちゅう) 열중함, 몰두함 | 事(こと) 일, 것

442

좌우명에 대해 물을 때

좌우명은 무엇입니까?

단어 힌트 座右(ざゆう)の銘(めい) 좌우명

443

업무 스타일에 대해 물을 때

당신의 업무 스타일은?

단어 힌트 ワークスタイル 업무 스타일(work style)

444

상사의 잘못에 대처하는 방법을 물을 때

상사가 틀렸다면 어떻게 반응할 건가요?

단어 힌트 上司(じょうし) 상사 | 間違(まちが)う 틀리다 | 対応(たいおう) 대응

445

관리직에게 바라는 점을 물을 때

관리직에게 바라는 것이 있나요?

단어 힌트 管理職(かんりしょく) 관리직 | 望(のぞ)む 바라다, 소망하다

내가 생각한 문장과 비교해 보고
네이티브 표현을 그대로 흡수해 보세요!

441

何か夢中になれる事はありますか。

지원자의 성향을 파악하여 입사 후에 어떠한 성과를 낼 인재가 될지 알아보는 질문입니다.

442

座右の銘は何ですか。

자신의 가치관과 부합하는 좌우명을 두괄식으로 말한 후,
그와 관련된 짧은 사례를 제시하는 것이 좋습니다.

443

あなたのワークスタイルは？

업무 처리에 있어서 지원자의 강점을 알아보기 위한 질문으로, ①일에 대한 가치관 ②기업의 인재상 ③전문 지식 ④주변인들의 평가 등으로 대답할 수 있습니다.

444

上司が間違っていたら、どう対応しますか。

잘못된 것에도 무조건 공조하는 인재를 원하는 것이 아니므로 '상사의 의견을 존중하면서도 대화를 통해 해결할 것'을 어필하는 것이 좋습니다.

445

管理職に望むことはありますか。

'워라밸' 등은 면접 자리에서는 가능하면 피하는 것이 좋습니다.

446~450.mp3

446

인생의 목표에 대해 물을 때

인생의 목표는 무엇인가요?

단어 힌트 人生(じんせい) 인생 | ゴール 목표, 골(goal)

447

채용되지 않았을 경우를 가정할 때

내정을 받지 못한다면 어떻게 할 건가요?

단어 힌트 内定(ないてい) 내정 | もらう 받다

448

최근 본 뉴스에 대해 물을 때

최근에 신경 쓰이는 뉴스는 무엇인가요?

단어 힌트 最近(さいきん) 최근 | 気(き)になる 궁금하다, 마음에 걸리다 | ニュース 뉴스

449

5년 후의 계획에 대해 물을 때

5년 후에는 어떤 일을 하고 싶습니까?

단어 힌트 どんな 어떤 | 仕事(しごと) 일, 업무

450

마지막으로 질문이 있는지 물을 때

마지막으로 뭔가 질문 있습니까?

단어 힌트 最後(さいご) 마지막 | 質問(しつもん) 질문

446 □□□

人生のゴールは何ですか。

'행복해지는 것'과 같은 너무 막연한 대답은 피하는 것이 좋습니다.

447 □□□

内定をもらえなかったら、どうしますか。

부족한 점을 개선하여 재지원하겠다는 대답은 진부하지만 긍정적인 인상을 주는 답변입니다.

448 □□□

最近気になるニュースは何ですか。

지원하는 직종과 연관된 뉴스가 가장 무난하며
정치적인 논란으로 이어질 수 있는 뉴스는 제외하는 것이 좋습니다.

449 □□□

5年後にはどんな仕事をしたいですか。

구체적인 계획과 목표 직위 등을 설명하는 것이 좋습니다.

450 □□□

最後に何か質問ありますか。

없다고 대답하는 것보다는 사내 분위기 등을 묻는 간단한 역질문을 하는 것도 좋습니다.

망각방지 장치 1

하루만 지나도 학습한 내용의 50%는 잊어버립니다. 여러분은 몇 퍼센트나 잊어버렸을까요?
25개 표현을 입으로 말해 보고 생각나지 않는 표현은 제시된 번호로 돌아가 다시 확인해 보세요!

			○	✕	복습
01	자기 PR을 부탁드립니다.	____ＰＲをお願いします。	☐	☐	401
02	전 직장의 퇴직 이유는 무엇입니까?	____の退職理由は何ですか。	☐	☐	403
03	이직이 많습니다만, 이유는 무엇입니까?	____が多いですが、なぜですか。	☐	☐	405
04	공백 기간에는 무엇을 하셨습니까?	____の間は何をしてましたか。	☐	☐	406
05	언제 일의 보람을 느끼나요?	いつ仕事の____を感じますか。	☐	☐	407
06	앞으로 익히고 싶은 스킬은 있습니까?	今後____たいスキルはありますか。	☐	☐	412
07	내정을 받으면 입사할 건가요?	____をもらったら入社しますか。	☐	☐	414
08	일본에서 무엇을 배우고 싶습니까?	日本で何を____たいですか。	☐	☐	416
09	일본 생활에서 가장 힘들었던 것은?	日本生活で一番____だったことは？	☐	☐	418
10	장점과 단점을 알려 주세요.	____と短所を教えてください。	☐	☐	421
11	자신의 어필 포인트는 무엇입니까?	ご自身の____は何ですか。	☐	☐	422
12	취미는 무엇입니까?	____は何ですか。	☐	☐	424
13	존경하는 사람은 누구인가요?	____している人は誰ですか。	☐	☐	425

정답 01 自己 02 前職 03 転職 04 ブランク 05 やり甲斐 06 身に付け 07 内定 08 学び 09 大変 10 長所 11 アピールポイント 12 趣味 13 尊敬

			○	✕	복습
14	학창 시절에 도전했던 것은?	学生時代に ____ したことは？	☐	☐	426
15	인간 관계에 고민한 적이 있습니까?	人間関係で ____ ことはありますか。	☐	☐	430
16	언제 스트레스를 느끼나요?	いつストレスを ____ ますか。	☐	☐	431
17	업무에서 화를 낸 적이 있습니까?	仕事で ____ ことはありますか。	☐	☐	432
18	스트레스 해소법은 무엇입니까?	ストレス ____ は何ですか。	☐	☐	433
19	자신을 한 마디로 표현한다면?	自分を ____ で表すと？	☐	☐	434
20	지금 당신의 과제는 무엇입니까?	今のあなたの ____ は何ですか。	☐	☐	435
21	뭔가 푹 빠져서 열중할 수 있는 일은 있나요?	何か ____ になれる事はありますか。	☐	☐	441
22	좌우명은 무엇입니까?	____ は何ですか。	☐	☐	442
23	상사가 틀렸다면 어떻게 반응할 건가요?	____ が間違っていたら、どう対応しますか。	☐	☐	444
24	인생의 목표는 무엇인가요?	人生の ____ は何ですか。	☐	☐	446
25	최근에 신경 쓰이는 뉴스는 무엇인가요?	最近 ____ ニュースは何ですか。	☐	☐	448

맞은 개수: 25개 중 ____ 개

당신은 그동안 ____%를 잊어버렸습니다.
틀린 문장들은 다시 한번 보고 넘어가세요.

정답 14 挑戦 15 悩んだ 16 感じ 17 腹を立てた 18 解消法 19 一言 20 課題 21 夢中 22 座右の銘 23 上司 24 ゴール 25 気になる

451~455.mp3

451

자신을 한마디로 표현할 때

저는 '등대 같은 사람'입니다.

단어 힌트 灯台(とうだい) 등대 | ～の様(よう)な ～같은

452

자신을 한 단어로 표현할 때

저를 표현하는 말은 '윤활유'입니다.

단어 힌트 表(あらわ)す 나타내다, 표현하다 | 言葉(ことば) 말 | 潤滑油(じゅんかつゆ) 윤활유

453

장점에 대해 대답할 때

저의 장점은 적극적인 성격입니다.

단어 힌트 長所(ちょうしょ) 장점 | 積極的(せっきょくてき) 적극적 | 性格(せいかく) 성격

454

강점에 대해 대답할 때

저의 강점은 리더십이 있는 점입니다.

단어 힌트 強(つよ)み 강점 | リーダーシップ 리더십 | 所(ところ) ～한 점, 곳

455

단점에 대해 대답할 때

저의 단점은 너무 신중한 점입니다.

단어 힌트 短所(たんしょ) 단점 | 慎重(しんちょう)だ 신중하다

451

□□□

私は、「灯台の様な人」です。

간결하면서도 호기심을 불러일으킬 만한 표현이 좋습니다.

452

□□□

私を表す言葉は「潤滑油」です。

간결하면서도 호기심을 불러일으킬 만한 단어가 좋습니다.

453

□□□

私の長所は積極的な性格です。

그 외 어필할 수 있는 장점으로는 협조성(協調性), 행동력(行動力), 주체성(主体性) 등이 있습니다.

454

□□□

私の強みはリーダーシップがある所です。

그 외 어필할 수 있는 강점으로는 계획성(計画性), 논리적(論理的), 책임감(責任感) 등이 있습니다.

455

□□□

私の短所は慎重すぎる所です。

치명적인 단점은 제외하는 것이 좋습니다.

456~460.mp3

456

약점에 대해 대답할 때

저의 약점은 걱정이 많은 것입니다.

단어 힌트 弱(よわ)み 약점, 단점 | 心配性(しんぱいしょう) 사소한 일에 걱정하는 성격

457

주위로부터의 평가를 말할 때

저는 주위로부터 '노력가'로 불리고 있습니다.

단어 힌트 周(まわ)り 주변, 주변 사람 | 努力家(どりょくか) 노력가

458

주위로부터의 평가를 말할 때

'경청을 잘 하는 사람'으로 불립니다.

단어 힌트 聞(き)き上手(じょうず) 남의 이야기를 잘 들어줌, 또는 그런 사람

459

존경하는 사람을 말할 때

존경하는 사람은 동아리 선생님입니다.

단어 힌트 尊敬(そんけい) 존경 | 部活(ぶかつ) 부활동, 동아리 | 先生(せんせい) 선생님

460

취미를 말할 때

취미는 수영입니다.

단어 힌트 趣味(しゅみ) 취미 | 水泳(すいえい) 수영

456

私の弱みは心配性な所です。

단점이 없다고 말하는 것은 좋지 않습니다.

457

私は周りから「努力家」と言われています。

일본어는 '나'를 주어로 하는 경우가 많으므로 言う의 수동형 동사 言われる가 많이 쓰입니다.

458

「聞き上手」とよく言われます。

聞き上手는 '말을 잘 들어주는 사람', 話し上手는 '이야기를 잘하는 사람'을 말합니다.

459

尊敬している人は部活の先生です。

존경하는 인물보다는 존경하는 이유가 주된 내용이 되어야 합니다.

460

趣味は水泳です。

굳이 직무와 연관시킬 필요는 없습니다.

461~465.mp3

461

특기를 말할 때

특기는 일찍 일어나는 것입니다.

단어 힌트 得意(とくい)なこと 잘하는 것 | 早起(はやお)き 일찍 일어남

462

주말을 보내는 방법을 말할 때

친구와 테니스를 치고 있습니다.

단어 힌트 友人(ゆうじん) 친구 | テニス 테니스

463

스트레스를 받는 상황에 대해 말할 때

매출 압박에 고민했었던 시기가 있습니다.

단어 힌트 売上(うりあげ) 매상, 매출 | プレッシャー 압박

464

스트레스를 받는 상황에 대해 말할 때

계획이 틀어졌을 때 스트레스를 느낍니다.

단어 힌트 計画(けいかく)が崩(くず)れる 계획이 틀어지다 | ストレスを感(かん)じる 스트레스를 느끼다

465

스트레스 해소법에 대해 말할 때

노래방에서 스트레스를 해소합니다.

단어 힌트 カラオケ 노래방 | 解消(かいしょう) 해소

내가 생각한 문장과 비교해 보고
네이티브 표현을 그대로 흡수해 보세요!

461

得意(とくい)なことは、早起(はやお)きです。

특별한 기술이 아니라도 성실성, 근면성 등을 강조할 수 있는 것이 좋습니다.

462

友人(ゆうじん)とテニスをしています。

스트레스 극복, 자기 계발과 관련된 간단한 에피소드가 있는 이유를 덧붙이면 좋습니다.

463

売上(うりあげ)のプレッシャーで
悩(なや)んでいた時期(じき)があります。

스트레스를 어떻게 극복하고 있는지도 곁들여 설명해야 합니다.

464

計画(けいかく)が崩(くず)れるとストレスを感(かん)じます。

지원자가 업무 스트레스를 잘 극복할 수 있는지를 묻는 질문이므로,
스트레스 해소법에 대해서도 덧붙여야 합니다.

465

カラオケでストレスを
解消(かいしょう)しています。

テニスで気分転換(きぶんてんかん)をしています(테니스로 기분 전환을 하고 있습니다)와 같이 말하는 것도 좋습니다.

466~470.mp3

466

인간관계에서 겪은 트러블을 설명할 때

전 직장에서는 동기와의 경쟁에 고민했었습니다.

단어 힌트▼ 前職(ぜんしょく) 전 직장 | 同期(どうき) 동기 | 競争(きょうそう) 경쟁 | 悩(なや)む 고민하다

467

군대에서 배운 것에 대해 말할 때

군대에서는 협력성을 배웠습니다.

단어 힌트▼ 軍隊(ぐんたい) 군대 | 協調性(きょうちょうせい) 협력성, 협조성 | 学(まな)ぶ 배우다

468

휴학 이유에 대해 설명할 때

미국 유학을 위해서 휴학을 했습니다.

단어 힌트▼ アメリカ 미국 | 留学(りゅうがく) 유학 | 休学(きゅうがく) 휴학

469

학창 시절 특히 노력했던 일에 대해 말할 때

해외 자원봉사 활동에 참가했습니다.

단어 힌트▼ 海外(かいがい) 해외 | ボランティア活動(かつどう) 자원봉사 활동 | 参加(さんか) 참가

470

일본 취직에 대한 가족의 반응을 말할 때

걱정하시는 것 같지만, 찬성해 주십니다.

단어 힌트▼ 心配(しんぱい) 걱정 | 賛成(さんせい) 찬성

466

前職(ぜんしょく)では同期(どうき)との競争(きょうそう)で悩(なや)んでいました。

상대를 비난하지 않으면서도 문제 해결을 위해 노력한 방법을 구체적으로 이야기하는 것이 좋습니다.

467

軍隊(ぐんたい)では協調性(きょうちょうせい)を学(まな)びました。

일본인 지원자에게서는 쉽게 들을 수 없는 내용이라 관심을 가지는 면접관이 많습니다.

468

アメリカ留学(りゅうがく)のために、休学(きゅうがく)をしました。

단순 휴식을 위한 휴학이라도 자기 계발, 재충전 등 시간을 허투루 보내지 않았음을 어필하는 것이 좋습니다.

469

海外(かいがい)ボランティア活動(かつどう)に参加(さんか)しました。

봉사 활동, 동아리 활동 같은 무난한 활동부터 스타트업, 창업 등 눈에 띄는 활동까지 다양한 경험을 예로 들 수 있습니다.

470

心配(しんぱい)ではあるようですが、賛成(さんせい)してくれています。

가족의 반대가 없음을 어필하는 것이 좋습니다.

471~475.mp3

471

최근 기억나는 뉴스에 대해 대답할 때

'입국 규제' 뉴스가 신경이 쓰입니다.

단어 힌트 入国規制(にゅうこくきせい) 입국 규제 | 気(き)になる 마음에 걸리다, 신경 쓰이다, 걱정되다

472

업무에서 보람을 느낄 때에 대해 대답할 때

목표를 이뤘을 때입니다.

단어 힌트 目標(もくひょう) 목표 | クリアする 난관을 헤쳐 나가다, 이뤄내다

473

아르바이트 경험에 대해 대답할 때

2년간의 사무 아르바이트로 컴퓨터 스킬을 익혔습니다.

단어 힌트 事務(じむ) 사무 | PC(ピーシー)スキル 컴퓨터 스킬(기술) | 身(み)につける 몸에 익히다, 습득하다

474

일본에서 일하고 싶은 이유에 대해 대답할 때

일본어와 영업 기술을 살리고 싶기 때문입니다.

단어 힌트 日本語(にほんご) 일본어 | 営業(えいぎょう) 영업 | 生(い)かす 살리다

475

직무 경력에 대해 대답할 때

외국계 기업에서 영업을 담당했습니다.

단어 힌트 外資系(がいしけい) 외국자본계 | 企業(きぎょう) 기업 | 担当(たんとう) 담당

내가 생각한 문장과 비교해 보고
네이티브 표현을 그대로 흡수해 보세요!

471

「入国規制(にゅうこくきせい)」のニュースが気(き)になっています。

지원 업계 관련 뉴스 또는 정치, 종교와 관련되지 않은 무난한 뉴스가 좋습니다.

472

目標(もくひょう)をクリアした時(とき)です。

경험을 토대로 보충 설명을 하는 것이 좋습니다.

473

2年間(にねんかん)の事務(じむ)アルバイトで、PC(ピーシー)スキルを身(み)につけました。

아르바이트 기간, 업무, 포지션 등을 간단하면서도 알기 쉽게 설명한 후, 지원한 직무와 연관이 있음을 어필하는 것이 좋습니다.

474

日本語(にほんご)と営業(えいぎょう)のスキルを生(い)かしたいからです。

단순히 '일본이 좋아서'라고 대답하는 것은 피하는 것이 좋습니다.

475

外資系企業(がいしけいきぎょう)で営業(えいぎょう)を担当(たんとう)していました。

국가, 재직 기간, 담당 업무 등 구체적으로 이야기하는 것이 좋습니다.

476~480.mp3

476

이직한 이유에 대해 대답할 때

번역 업무를 할 수 있는 직장을 원했기 때문입니다.

단어 힌트 翻訳(ほんやく) 번역 | 業務(ぎょうむ) 업무 | 職場(しょくば) 직장 | 求(もと)める 바라다, 요구하다

477

이직한 이유에 대해 대답할 때

커리어 체인지를 위해서 이직을 결정했습니다.

단어 힌트 キャリアチェンジ 커리어 체인지 | 転職(てんしょく) 이직 | 決(き)める 결정하다

478

공백 기간의 활동에 대해 대답할 때

이직 활동에 전념했습니다.

단어 힌트 活動(かつどう) 활동 | 専念(せんねん) 전념

479

1지망인 회사에 대해 대답할 때

물론 귀사가 제1 지망입니다.

단어 힌트 御社(おんしゃ) 귀사 | 第一志望(だいいちしぼう) 제1 지망

480

지원한 회사 수를 대답할 때

이후 2사 정도 지원할 예정입니다.

단어 힌트 受(う)ける 지원하다 | 予定(よてい) 예정

내가 생각한 문장과 비교해 보고
네이티브 표현을 그대로 흡수해 보세요!

476
翻訳業務ができる職場を求めていたからです。

예로 들 수 있는 이유로는 キャリアの構築(커리어 구축), 営業の仕事(영업 일) 등이 있습니다.

477
キャリアチェンジのために、転職を決めました。

낮은 임금, 상사와의 트러블 등 부정적인 이유는 피하는 것이 좋습니다.

478
転職活動に専念していました。

공백 기간을 가진 특별한 이유가 없다면
그동안 준비한 것 또는 마음가짐을 어필하는 것도 좋습니다.

479
もちろん、御社が第一志望です。

솔직하게 말하는 것도 좋지만, 1지망이라고 말하는 것도 나쁘지는 않습니다.

480
あと2社ほど受ける予定です。

受ける는 '받다' 외에도 '지원하다, 응시하다'라는 뜻도 있습니다.

481~485.mp3

481

담당하고 싶은 업무를 말할 때

경리의 경험을 살리고 싶다고 생각합니다.

단어 힌트 経理(けいり) 경리 | 経験(けいけん) 경험 | 生(い)かす 살리다

482

입사 가능 시기를 말할 때

다음 주부터라도 출근은 가능합니다.

단어 힌트 来週(らいしゅう) 다음 주 | 出勤(しゅっきん) 출근 | 可能(かのう) 가능

483

입사 가능 시기를 말할 때

인수인계가 끝나는 대로 입사할 수 있습니다.

단어 힌트 引(ひ)き継(つ)ぎ 인수인계 | 終(お)わる 끝나다 | 入社(にゅうしゃ) 입사

484

희망 연봉을 말할 때

기본적으로는 귀사의 규정에 따르겠습니다.

단어 힌트 基本的(きほんてき) 기본적 | 御社(おんしゃ) 귀사 | 規定(きてい) 규정 | 従(したが)う 따르다

485

희망 연봉을 말할 때

지금의 연봉과 동등하거나 그 이상은 받을 수 있으면 좋겠습니다.

단어 힌트 年収(ねんしゅう) 연봉 | 同等(どうとう) 동등 | 以上(いじょう) 이상

내가 생각한 문장과 비교해 보고
네이티브 표현을 그대로 흡수해 보세요!

481

経理(けいり)の経験(けいけん)を生(い)かしたいと考(かんが)えています。

生(い)かすは 생명을 살리는 것은 물론, 능력, 기술 등을 살린다는 뜻도 됩니다.

482

来週(らいしゅう)からでも出勤(しゅっきん)は可能(かのう)です。

出勤(しゅっきん) 대신에 出社(しゅっしゃ)를 써도 무방합니다.

483

引(ひ)き継(つ)ぎが終(お)わり次第(しだい)入社(にゅうしゃ)できます。

「동사의 ます형+次第(しだい)」는 '~하는 대로'라는 의미로 사용됩니다.

484

基本的(きほんてき)には御社(おんしゃ)の規定(きてい)に従(したが)います。

'귀사'를 뜻하는 단어 중 御社(おんしゃ)는 회화체, 貴社(きしゃ)는 문어체에 가깝습니다.

485

今(いま)の年収(ねんしゅう)の同等以上(どうとういじょう)はいただけると幸(さいわ)いです。

이직자의 경우 전 직장의 연봉에 기초해서 제안하는 것이 좋습니다.

486~490.mp3

486

희망 근무처를 말할 때 (희망 근무처가 있을 때)

수도권 근무를 희망하고 있습니다.

단어 힌트 首都圏(しゅとけん) 수도권 | 勤務(きんむ) 근무 | 希望(きぼう) 희망

487

희망 근무처를 말할 때 (희망 근무처가 없을 때)

희망 근무지는 딱히 없습니다.

단어 힌트 勤務地(きんむち) 근무지 | 特(とく)に 딱히

488

이 회사에서의 목표에 대해 말할 때

접객 기술을 늘려가고 싶습니다.

단어 힌트 伸(の)ばす 성장시키다, 발전시키다 | 考(かんが)える 생각하다

489

앞으로의 목표에 대해 말할 때

장래에는 슈퍼바이저를 목표로 하고 싶습니다.

단어 힌트 将来(しょうらい) 장래, 미래 | 目指(めざ)す 목표로 하다

490

5년 후의 목표에 대해 말할 때

팀장의 위치에 있고 싶습니다.

단어 힌트 チームリーダー 팀 리더 | 立場(たちば) 위치, 처지

486 □□□

首都圏勤務(しゅとけんきんむ)を希望(きぼう)しております。

'특정 지역을 희망하나 다른 지역이라도 조율 가능하다'고 덧붙이는 것도 좋습니다.

487 □□□

希望勤務地(きぼうきんむち)は特(とく)にございません。

ありません보다 ございません이 더 정중한 느낌을 줍니다.

488 □□□

接客(せっきゃく)スキルを伸(の)ばしていきたいと考(かんが)えています。

スキルを伸(の)ばす와 비슷한 표현으로는
能力(のうりょく)を磨(みが)く(능력을 기르다), 能力(のうりょく)を高(たか)める(능력을 향상시키다) 등이 있습니다.

489 □□□

将来(しょうらい)は、SV(エスブイ)を目指(めざ)したいと考(かんが)えています。

将来(しょうらい)와 비슷한 표현으로는 ゆくゆくは(장래에는, 언젠가는)가 있습니다.

490 □□□

チームリーダーの立場(たちば)でいたいです。

어떤 인재가 되고 싶은지 말한 후, 이를 실현하기 위해
필요한 노력을 구체적으로 언급하는 것이 좋습니다.

491~495.mp3

491

역질문 (입사까지 필요한 공부에 대해 물을 때)

입사까지 공부해 둬야 할 것은 있습니까?

단어 힌트 入社(にゅうしゃ) 입사 | 勉強(べんきょう) 공부

492

역질문 (사내 분위기에 대해 물을 때)

사내의 분위기에 대해 알려 주시면 감사하겠습니다.

단어 힌트 社内(しゃない) 사내 | 雰囲気(ふんいき) 분위기

493

역질문 (사원들의 특징에 대해 물을 때)

저와 같은 세대의 사원에는 어떤 분들이 있습니까?

단어 힌트 同世代(どうせだい) 같은 세대 | 社員(しゃいん) 사원

494

역질문 (외국인 관리직 사원 수에 대해 물을 때)

외국인 관리직은 몇 분 계십니까?

단어 힌트 外国人(がいこくじん) 외국인 | 管理職(かんりしょく) 관리직

495

역질문 (사원에게 바라는 점이 있는지 물을 때)

사원에게 가장 요구되는 것을 알려 주세요.

단어 힌트 最(もっと)も 가장 | 求(もと)める 바라다, 요구하다

491 □□□

入社(にゅうしゃ)までに勉強(べんきょう)しておくべきことはありますか。

입사에 관한 열의와 발전 의지를 보여 주는 질문입니다.

492 □□□

社内(しゃない)の雰囲気(ふんいき)について教(おし)えていただきたいです。

教(おし)えていただきたいです는 '~해 받다'란 뜻의 ~ていただく를 희망 표현(동사의 ます형+たい)으로 바꾼 형태입니다.

493 □□□

私(わたし)と同世代(どうせだい)の社員(しゃいん)にはどんな方(かた)がいますか。

외국인 사원이나 한국인 사원에 대해 질문하는 것도 좋습니다.

494 □□□

外国人管理職(がいこくじんかんりしょく)は何人(なんにん)いますか。

장기 근무와 승진에 관한 열의를 보여 주는 질문입니다.

495 □□□

社員(しゃいん)に最(もっと)も求(もと)められることを教(おし)えてください。

회사가 추구하는 방향과 사내 분위기를 알 수 있는 질문입니다.

496~500.mp3

496

온라인 면접에서 트러블이 발생했을 때

제 목소리는 들리십니까?

단어 힌트 声(こえ) 목소리 | 聞(き)こえる 들리다

497

질문을 못 알아들었을 때

한 번 더 여쭤 봐도 괜찮을까요?

단어 힌트 一度(いちど) 한 번 | 伺(うかが)う 묻다(聞く)의 겸양어, 여쭙다

498

질문 내용을 재확인할 때

이 해석으로 틀림없을까요?

단어 힌트 解釈(かいしゃく) 해석 | 間違(まちが)い 잘못, 틀림

499

같은 내용을 반복해야 할 때

반복적인 이야기가 되어 버리지만….

단어 힌트 繰(く)り返(かえ)し 반복함, 되풀이함 | 話(はなし) 이야기

500

마지막 한마디

오늘 면접 기회를 주셔서 감사했습니다.

단어 힌트 本日(ほんじつ) 금일 | 面接(めんせつ) 면접 | 機会(きかい) 기회

496

私の声は聞こえていますか。

음소거(ミュート)로 되어 있지는 않은지 사전에 체크하는 것이 좋습니다.

497

もう一度伺ってもよろしいでしょうか。

申し訳ございませんが(죄송합니다만)를 앞에 덧붙이면 더욱 좋습니다.

498

この解釈で間違いないでしょうか。

제대로 이해하지 못했을 때는 추측해서 대답하기보다는 정중하게 되묻는 것이 훨씬 좋습니다.

499

繰り返しのお話となってしまいますが…。

繰り返し는 동사 繰り返す(반복하다, 되풀이하다)를 ます형으로 바꿔서 명사화된 형태입니다.

500

本日は面接の機会をいただき、ありがとうございました。

가장 무난하면서도 좋은 인상을 줍니다.

망각방지 장치 1

하루만 지나도 학습한 내용의 50%는 잊어버립니다. 여러분은 몇 퍼센트나 잊어버렸을까요? 25개 표현을 입으로 말해 보고 생각나지 않는 표현은 제시된 번호로 돌아가 다시 확인해 보세요!

			○	✕	복습
01	저는 '등대 같은 사람' 입니다.	私(わたし)は、「灯台(とうだい)の ＿＿＿ な人(ひと)」です。	□	□	451
02	저를 표현하는 말은 '윤활유'입니다.	私(わたし)を ＿＿＿ 言葉(ことば)は「潤滑油(じゅんかつゆ)」です。	□	□	452
03	저의 강점은 리더십이 있는 점입니다.	私(わたし)の ＿＿＿ はリーダーシップがある所(ところ)です。	□	□	454
04	저의 단점은 너무 신중한 점입니다.	私(わたし)の ＿＿＿ は慎重(しんちょう)すぎる所(ところ)です。	□	□	455
05	'경청을 잘 하는 사람'으로 불립니다.	「 ＿＿＿ 」とよく言(い)われます。	□	□	458
06	특기는 일찍 일어나는 것입니다.	＿＿＿ なことは、早起(はやお)きです。	□	□	461
07	매출 압박에 고민했었던 시기가 있습니다.	売上(うりあげ)の ＿＿＿ で悩(なや)んでいた時期(じき)があります。	□	□	463
08	계획이 틀어졌을 때 스트레스를 느낍니다.	計画(けいかく)が ＿＿＿ とストレスを感(かん)じます。	□	□	464
09	전 직장에서는 동기와의 경쟁에 고민했었습니다.	前職(ぜんしょく)では ＿＿＿ との競争(きょうそう)で悩(なや)んでいました。	□	□	466
10	미국 유학을 위해서 휴학을 했습니다.	アメリカ留学(りゅうがく)のために、＿＿＿ をしました。	□	□	468
11	해외 자원봉사 활동에 참가했습니다.	海外(かいがい) ＿＿＿ 活動(かつどう)に参加(さんか)しました。	□	□	469
12	목표를 이뤘을 때입니다.	目標(もくひょう)を ＿＿＿ した時(とき)です。	□	□	472
13	일본어와 영업 기술을 살리고 싶기 때문입니다.	日本語(にほんご)と営業(えいぎょう)のスキルを ＿＿＿ たいからです。	□	□	474

정답 01 様(よう) 02 表(あらわ)す 03 強(つよ)み 04 短所(たんしょ) 05 聞(き)き上手(じょうず) 06 得意(とくい) 07 プレッシャー 08 崩(くず)れる 09 同期(どうき) 10 休学(きゅうがく) 11 ボランティア 12 クリア 13 生(い)かし

			○	✕	복습
14	외국계 기업에서 영업을 담당했습니다.	____企業(きぎょう)で営業(えいぎょう)を担当(たんとう)していました。	☐	☐	475
15	커리어 체인지를 위해 이직을 결정했습니다.	キャリアチェンジのために、転職(てんしょく)を____ました。	☐	☐	477
16	이직 활동에 전념했습니다.	転職活動(てんしょくかつどう)に____していました。	☐	☐	478
17	물론 귀사가 제1 지망입니다.	もちろん、____が第一志望(だいいちしぼう)です。	☐	☐	479
18	인수인계가 끝나는 대로 입사할 수 있습니다.	____が終(お)わり次第入社(しだいにゅうしゃ)できます。	☐	☐	483
19	기본적으로는 귀사의 규정에 따르겠습니다.	基本的(きほんてき)には御社(おんしゃ)の規定(きてい)に____ます。	☐	☐	484
20	지금의 연봉과 동등하거나 그 이상은 받을 수 있으면 좋겠습니다.	今(いま)の年収(ねんしゅう)の同等以上(どうとういじょう)はいただけると____です。	☐	☐	485
21	수도권 근무를 희망하고 있습니다.	____勤務(きんむ)を希望(きぼう)しております。	☐	☐	486
22	희망 근무지는 딱히 없습니다.	希望勤務地(きぼうきんむち)は____にございません。	☐	☐	487
23	팀장의 위치에 있고 싶습니다.	チームリーダーの____でいたいです。	☐	☐	490
24	한 번 더 여쭤 봐도 괜찮을까요?	もう一度(いちど)____もよろしいでしょうか。	☐	☐	497
25	반복적인 이야기가 되어 버리지만….	____のお話(はなし)となってしまいますが…。	☐	☐	499

맞은 개수: 25개 중 ____ 개

당신은 그동안 ____%를 잊어버렸습니다.
틀린 문장들은 다시 한번 보고 넘어가세요.

정답 14 外資系(がいしけい) 15 決(き)め 16 専念(せんねん) 17 御社(おんしゃ) 18 引(ひ)き継(つ)ぎ 19 従(したが)い 20 幸(さいわ)い 21 首都圏(しゅとけん) 22 特(とく) 23 立場(たちば) 24 伺(うかが)って 25 繰(く)り返(かえ)し

망각방지 장치 2

일주일이 지나면 학습한 내용의 70%를 잊어버립니다.
여러분은 몇 퍼센트나 기억하고 있을까요? 대화문으로 확인해 보세요.

041 자신의 어필 포인트에 대해 이야기할 때

kaiwa 041.mp3

A 자신의 어필 포인트는 무엇입니까? 422

B 저의 장점の一(ひと)つ는 誰(だれ)とでも円滑(えんかつ)な関係(かんけい)を築(きず)ける 성격이라는 점입니다. 453
円滑(えんかつ)な人間(にんげん)関係(かんけい)を築(きず)くことを心(こころ)がけており、常(つね)に笑顔(えがお)でいるようにしています。この長所(ちょうしょ)を活(い)かして、顧客(こきゃく)との信頼(しんらい)関係(かんけい)を築(きず)き、御社(おんしゃ)の顧客層(こきゃくそう)を広(ひろ)げていきたいと考(かんが)えております。

단어 円滑(えんかつ) 원활 | 築(きず)く 쌓다, 구축하다 | 顧客層(こきゃくそう) 고객층

042 이직 이유를 설명할 때

kaiwa 042.mp3

A 전 직장의 퇴직 이유는 무엇입니까? 403

B 커리어 체인지를 위해서 이직을 결정했습니다. 477
前職(ぜんしょく)では営業職(えいぎょうしょく)として勤務(きんむ)していましたが、直接(ちょくせつ)顧客(こきゃく)とのニーズに応(こた)えられる商品(しょうひん)企画(きかく)の仕事(しごと)を経験(けいけん)したいと思(おも)い、退職(たいしょく)を決意(けつい)しました。

단어 企画(きかく) 기획 | 決意(けつい) 결의, 결심

041

A　ご自身のアピールポイントは何ですか。422

B　私の長所 중 하나는 누구와도 원활한 관계를 만들 수 있는 性格だということです。453

원활한 인간 관계를 구축하는 것에 유의하고 있으며,
항상 웃는 얼굴로 있도록 하고 있습니다.
이 장점을 살려서, 고객과의 신뢰 관계를 쌓아,
귀사의 고객층을 넓혀 가고 싶습니다.

042

A　前職の退職理由は何ですか。403

B　キャリアチェンジのために、転職を決めました。477

전 직장에서는 영업직으로 근무했었으나,
직접 고객의 니즈에 부응할 수 있는 상품 기획
일을 경험하고 싶어 퇴직을 결심했습니다.

043 취미에 대해 이야기할 때

kaiwa 043.mp3

A　취미는 무엇입니까? 424

B　私の 취미는 수영입니다. 460
中学生の頃からずっと水泳に打ち込んできました。
ただ楽しむだけではなく、目標を立てて努力を続けることで、自分のタイムを短縮してきました。
このような経験は、常に目標を追い求め努力し続ける営業マンとして、いい成果を出すことにもつながると思っています。

단어 打(う)ち込(こ)む 몰두하다 | 短縮(たんしゅく) 단축 | 追(お)い求(もと)める 추구하다, 좇다

044 자신의 단점을 이야기할 때

kaiwa 044.mp3

A　あなたの 단점을 알려 주세요. 421

B　저의 약점은 걱정이 많아, 456 何回も慎重に確認しないと気が済まない性格です。
この弱みを克服するために、まず仕事に優先順位を立てて、仕事に着手するのも他の人より早めにするようにしています。
早めに行動することから時間に余裕が生まれて、仕事にも自信がついてきて、以前より積極的に動き出せるようになりました。

단어 慎重(しんちょう) 신중 | 気(き)が済(す)む 직성이 풀리다 | 着手(ちゃくしゅ) 착수 | 余裕(よゆう) 여유

043

A　趣味(しゅみ)は何(なん)ですか。424

B　제 趣味(しゅみ)は水泳(すいえい)です。460
중학생 때부터 쭉 수영에 몰두해 왔습니다.
단지 즐기는 것만이 아닌, 목표를 세우고 노력을 계속하는 것으로, 저의 기록을 단축시켜 왔습니다.
이러한 경험은 항상 목표를 좇아 노력을 멈추지 않아야 하는 영업인으로서 좋은 성과를 내는 것에도 도움이 되리라 생각합니다.

044

A　당신의 短所(たんしょ)を教(おし)えてください。421

B　私(わたし)の弱(よわ)みは心配性(しんぱいしょう)で、456 몇 번이나 신중하게 확인하지 않으면 직성이 풀리지 않는 성격입니다.
이 약점을 극복하기 위해, 우선 일에 우선순위를 두고, 일에 착수하는 것도 남들보다 빨리 하도록 하고 있습니다.
일찍 행동하는 것으로부터 시간에 여유가 생기고, 일에도 자신이 생겨서, 이전보다 적극적으로 행동할 수 있게 되었습니다.

045 공백 기간의 활동에 대해 이야기할 때

kaiwa 045.mp3

A 공백 기간에는 무엇을 하셨습니까? 406

B 前職(ぜんしょく)を辞(や)めてから半年(はんとし)の間(あいだ)は
資格(しかく)の勉強(べんきょう)をしたり、TOEIC(トーイック)の点数(てんすう)を更新(こうしん)したり
面接(めんせつ)の準備(じゅんび)をしたりして、基本的(きほんてき)には
이직 활동에 전념했습니다. 478

단어 資格(しかく) 자격 | 更新(こうしん) 갱신

046 지원한 기업들에 대해 이야기할 때

kaiwa 046.mp3

A 당사 외에 지원한 기업은 있습니까? 411

B もちろん、御社(おんしゃ)が第一志望(だいいちしぼう)ですが、
今日(きょう)の面接結果(めんせつけっか)が出(で)てから、同種業界(どうしゅぎょうかい)で
2사 정도 지원할 예정입니다. 480

단어 同種業界(どうしゅぎょうかい) 동종 업계

045

A　ブランクの間(あいだ)は何(なに)をしてましたか。406

B　전 직장을 그만두고 나서 반년 동안은
자격증 공부를 하거나 토익 점수를 갱신하거나
면접 준비를 하는 등, 기본적으로는
転職活動(てんしょくかつどう)に専念(せんねん)していました。478

046

A　当社以外(とうしゃいがい)に受(う)けている企業(きぎょう)はありますか。411

B　물론 귀사가 제1 지망입니다만,
오늘 면접 결과가 나오고 나서, 동종 업계로
2社(にしゃ)ほど受(う)ける予定(よてい)です。480

047 입사 가능 시기를 답변할 때

kaiwa 047.mp3

A　입사 가능 시기는 언제입니까? 413

B　今の会社で 인수인계가 끝나는 대로
입사할 수 있습니다. 483

A　後任は決まりましたか。

B　はい。ですので、遅くても３月には入社できると
思います。

단어　後任(こうにん) 후임

048 상사의 잘못된 판단에 대한 대응을 이야기할 때

kaiwa 048.mp3

A　상사가 틀렸다면 어떻게 반응할 건가요? 444

B　반복적인 이야기가 되어 버리지만, 499
会社の規則や社会的倫理から逸脱することでなければ、上司の指示に従うべきだと思います。
ですが、そうでなければ、指示にそのまま従うよりは自分の意見を丁寧に伝えると思います。

단어　規則(きそく) 규칙 | 倫理(りんり) 윤리 | 逸脱(いつだつ)する 일탈하다, 벗어나다 | 従(したが)う 따르다

047

A 入社可能時期(にゅうしゃかのうじき)はいつですか。413

B 지금 회사에서 引(ひ)き継(つ)ぎが終(お)わり次第(しだい)
入社(にゅうしゃ)できます。483

A 후임은 정해졌나요?

B 네. 그래서 늦어도 3월에는 입사 가능할 것 같습니다.

048

A 上司(じょうし)が間違(まちが)っていたら、どう対応(たいおう)しますか。444

B 繰(く)り返(かえ)しのお話(はなし)となってしまいますが、499
회사의 규칙이나 사회적 윤리에서 벗어나는 일이 아니라면
상사의 지시에 따라야 한다고 생각합니다.
하지만 그게 아니라면, 지시에 그대로 따르기보다는
제 의견을 정중하게 전달할 것입니다.

049 휴학 이유에 대해 대답할 때

kaiwa 049.mp3

A　휴학을 한 이유는 무엇인가요? [439]

B　미국 유학을 위해서 휴학을 했습니다. [468]
留学当初は、学校の授業に付いていくのも大変でしたが、昼夜問わず勉強に時間を費やした結果、今ではビジネス会話までできるようになりました。海外１０カ国に拠点を置いている御社の海外営業として、この経験を活かすことができるのではないかと考えております。

단어　昼夜問(ちゅうやと)わず 밤낮없이 | 拠点(きょてん) 거점

050 마지막으로 질문이 있을 때

kaiwa 050.mp3

A　마지막으로 뭔가 질문 있습니까? [450]

B　海外の方もご活躍されているとお聞きしたのですが、外国人社員、特に私と同世代の社員にはどんな方がいらっしゃいますか。
そして外国人 사원에게 가장 요구되는 것을 알려 주세요. [495]

단어　活躍(かつやく) 활약 | 同世代(どうせだい) 같은 세대

049

A 休学した理由は何ですか。439

B アメリカ留学のために、休学をしました。468
유학 초기에는 학교 수업을 따라가는 것도 힘들었지만,
밤낮없이 공부에 시간을 쏟은 결과,
이제는 비즈니스 회화까지 할 수 있게 되었습니다.
해외 10개국에 거점을 두고 있는 귀사의 해외영업에서,
이 경험을 살릴 수 있지 않을까 생각합니다.

050

A 最後に何か質問ありますか。450

B 외국 분들도 활약하고 계신다고 들었습니다만,
외국인 사원, 특히 저와 같은 세대 사원에는 어떤 분들이 계십니까?
그리고 외국인 社員に最も求められることを教えてください。495

Part 6

서비스직으로 일할 때 자주 쓰는 **접객 표현 100**

서비스직에서 사용되는 표현 중에서 가장 많이 쓰는 표현들을 엄선하여 모았습니다. 가장 기본이 되는 인사말은 물론 여러 상황에서 적절하게 사용되는 쿠션어(말을 부드럽게 전달하기 위해 사용하는 말), 음식점을 비롯하여 판매직, 병원, 약국, 공항과 호텔에서의 표현들을 다양하게 담았습니다.

501~505.mp3

501

손님이 오셨을 때

어서 오세요.

단어 힌트 いらっしゃる 오시다, 가시다, 있으시다

502

손님, 고객이 오셨을 때

안녕하세요. A에어입니다.

단어 힌트 こんにちは 안녕하세요(점심 인사)

503

감염 예방을 위한 소독을 부탁할 때

알코올 소독을 부탁드립니다.

단어 힌트 アルコール 알코올 | 消毒(しょうどく) 소독

504

감염 예방을 위한 조치로 거리두기를 부탁할 때

거리를 두고 줄 서 주세요.

단어 힌트 距離(きょり)を空(あ)ける 거리를 두다 | 並(なら)ぶ 줄을 서다

505

마스크의 착용을 부탁할 때

마스크 착용을 부탁드리고 있습니다.

단어 힌트 マスク 마스크 | 着用(ちゃくよう) 착용

내가 생각한 문장과 비교해 보고
네이티브 표현을 그대로 흡수해 보세요!

501

いらっしゃいませ。

いらっしゃる와 ます의 공손한 명령형 ませ가 합쳐진 표현으로,
가장 일반적으로 사용되는 접객 인사말입니다.

502

こんにちは。A(エー)エアーです。

こんにちは와 함께 「사명＋です」로 인사하는 경우도 많습니다.

503

アルコール消毒(しょうどく)をお願(ねが)いします。

COVID19 이후 손 소독을 의무화하고 있는 곳이 늘었습니다.

504

距離(きょり)を空(あ)けてお並(なら)びください。

「お＋동사의 ます형＋ください」는 존경의 의뢰 표현으로 '~해 주세요'로 해석합니다.

505

マスク着用(ちゃくよう)をお願(ねが)いしております。

진행의 형태 ~ている에서 いる의 겸양어 おる를 사용하면 더욱 공손한 느낌을 줍니다.

506~510.mp3

506 □□□

체온 측정을 요구할 때

체온 측정에 협조 부탁드립니다.

단어 힌트 検温(けんおん) 체온 측정 | 協力(きょうりょく) 협력, 협조

507 □□□

예약 여부를 확인할 때

예약은 하셨는지요?

단어 힌트 予約(よやく) 예약 | いただく 받다(もらう)의 겸양어

508 □□□

예약 내용을 확인할 때

성함을 부탁드립니다.

단어 힌트 お名前(なまえ) 성함

509 □□□

손님을 안내할 때

안내하겠습니다.

단어 힌트 案内(あんない) 안내 | いたす 하다(する)의 겸양어

510 □□□

손님을 안내할 때

이쪽으로 오십시오.

단어 힌트 こちら 여기(ここ)의 정중한 표현

내가 생각한 문장과 비교해 보고
네이티브 표현을 그대로 흡수해 보세요!

506

検温へのご協力をお願いします。

한자어 앞에는 ご, 일본 고유 단어 앞에는 お를 붙이면 정중한 표현이 되지만,
お名前(성함)와 같이 한자어 앞에도 お가 오는 예외적인 단어가 많습니다.

507

ご予約はいただいて
おりますでしょうか。

손님에게 '예약을 하셨나요?'라고 묻기보다는 '(저희 쪽에서) 예약을 받았을까요?'로 묻는 경우가 많습니다. 그리고 ～ますでしょうか는 원칙적으로는 이중 경어에 해당하나, 많이 사용되고 있습니다.

508

お名前をお願いいたします。

주로 이름과 전화번호로 예약자 확인을 합니다.

509

ご案内いたします。

「ご＋한자어＋する」는 겸양 표현으로, する의 겸양어 いたす를
사용하면 더욱 정중한 느낌을 줍니다.

510

こちらへどうぞ。

지시 대명사의 정중한 표현으로는
そこ→そちら, あそこ→あちら, どこ→どちら가 있습니다.

511~515.mp3

511

손님의 용건을 여쭤볼 때

네, 무엇을 도와드릴까요?

단어 힌트 いかが 어떠한(どう)의 정중한 표현 | なさる 하다(する)의 존경어

512

손님의 요구에 긍정적으로 답할 때

알겠습니다.

단어 힌트 わかる 알다

513

손님을 기다리게 할 때

잠시만 기다려 주십시오.

단어 힌트 少々(しょうしょう) 잠시 | 待(ま)つ 기다리다

514

편히 앉아서 기다리도록 전할 때

앉아서 기다려 주십시오.

단어 힌트 掛(か)ける (걸터)앉다

515

손님이 오래 기다린 상황일 때

오래 기다리셨습니다.

511

はい、いかがなさいましたか。

どうしましたか의 정중한 표현으로 주로 서비스직 종사자들이 많이 사용합니다.

512

わかりました。

わかりました보다 더 정중하게 말할 때는 かしこまりました라고 합니다.

513

少々(しょうしょう)お待(ま)ちください。

少々(しょうしょう)와 少(すこ)し 그리고 ちょっと는 모두 '조금, 잠시'라는 뜻이지만, 정중함의 정도에 차이가 있습니다.

514

お掛(か)けになってお待(ま)ちください。

「お + ます형 + になる」는 존경 표현, 「お + ます형 + ください」는 존경의 의뢰 표현입니다.

515

お待(ま)たせいたしました。

손님을 기다리게 했을 경우에 쓰는 표현으로, 待(ま)つ(기다리다)의 사역 동사 待(ま)たせる(기다리게 하다)를 사용하여 '(제가 당신을) 기다리게 했습니다'라는 뜻이 됩니다. 이 표현은 '오래 기다리셨습니다'로 해석하는 것이 가장 자연스럽습니다.

516~520.mp3

516

잘못을 사과할 때

죄송합니다.

단어 힌트 申(もう)し訳(わけ)ない 면목없다

517

실수에 대해 사과할 때

실례했습니다.

단어 힌트 失礼(しつれい) 실례, 무례

518

감사를 표할 때

감사합니다.

519

가시는 손님에게 인사할 때

재방문을 기다리고 있겠습니다.

단어 힌트 また 또, 다시 | お越(こ)し 오심 | 待(ま)つ 기다리다

520

주차권을 가지고 있는지 물어볼 때

주차권은 가지고 계십니까?

단어 힌트 駐車券(ちゅうしゃけん) 주차권 | 持(も)つ 갖다, 들다

내가 생각한 문장과 비교해 보고
네이티브 표현을 그대로 흡수해 보세요!

516

申(もう)し訳(わけ)ないです。

すみません(미안합니다)보다 정중한 표현으로,
더 정중하게 말하려면 申(もう)し訳(わけ)ありません, 申(もう)し訳(わけ)ございませんで 표현합니다.

517

失礼(しつれい)いたしました。

する(하다)의 겸양어 いたす를 사용하여 더 정중한 느낌을 준 표현입니다.

518

ありがとうございます。

가장 일반적이며 정중한 감사 표현입니다.

519

またのお越(こ)しお待(ま)ちしております。

待(ま)っている의 겸양 표현인 お待(ま)ちしている에
いる의 겸양어인 おる를 사용해 정중도를 높인 표현입니다.

520

駐車券(ちゅうしゃけん)はお持(も)ちでしょうか。

持(も)っていますか를 겸양 표현을 사용하여 정중하게 표현했습니다.

521~525.mp3

521 ☐☐☐

손님에게 부탁하기 전에

번거롭게 해서 죄송합니다만….

단어 힌트▼ 手数(てすう)をかける 수고를 끼치다, 번거롭게 하다

522 ☐☐☐

손님에게 양해를 구할 때

죄송합니다만….

단어 힌트▼ 恐(おそ)れ入(い)る 미안해하다, 송구스러워하다

523 ☐☐☐

손님에게 부탁하기 전에

괜찮으시다면….

단어 힌트▼ 差(さ)し支(つか)える 꺼리다, 지장이 있다

524 ☐☐☐

손님의 말에 동조할 때

그렇습니까?

단어 힌트▼ 左様(さよう) 그렇게, 그처럼

525 ☐☐☐

부정적인 말을 전달하기 전에

죄송합니다만….

단어 힌트▼ 申(もう)し訳(わけ)ない 미안하다

521

お手数(てすう)をおかけしますが…。

주로 부탁하기 전에 사용하는 쿠션어입니다.
を를 생략해 お手数(てすう)おかけしますが로 말할 수도 있습니다.

522

恐(おそ)れ入(い)りますが…。

주로 부정적인 말을 전달하기 전에 사용하는 쿠션어입니다.

523

差(さ)し支(つか)えなければ…。

상대를 배려하는 쿠션어로, 주로 질문이나 부탁할 때 사용합니다.

524

左様(さよう)でございますか。

そうですか의 정중한 표현입니다.

525

申(もう)し訳(わけ)ございませんが…。

주로 거절이나 부정적인 말을 전달하기 전에 사용하는 쿠션어입니다.

526

인원수를 물어볼 때

몇 분이십니까?

단어 힌트 何名様(なんめいさま) 몇 분

527

예약자 성함을 물어볼 때

예약하신 분의 성함을 알려 주실 수 있으신가요?

단어 힌트 予約(よやく) 예약 | お名前(なまえ) 이름, 성함 | 教(おし)える 가르치다, 알리다

528

선호 좌석을 물어볼 때

카운터 석과 테이블 석이 있습니다만.

단어 힌트 カウンター 카운터 | 席(せき) 좌석 | テーブル 테이블

529

좌석을 제안할 때

테라스 석으로도 괜찮으십니까?

단어 힌트 テラス席(せき) 테라스 석

530

개별실을 안내할 때

개별실도 준비되어 있습니다.

단어 힌트 個室(こしつ) 개별실 | 用意(ようい) 준비

내가 생각한 문장과 비교해 보고
네이티브 표현을 그대로 흡수해 보세요!

526

何名様(なんめいさま)ですか。

인원수를 묻는 질문으로 '한 분'은 一名様(いちめいさま), '두 분'은 二名様(にめいさま)로 말합니다.

527

ご予約(よやく)された方(かた)のお名前(なまえ)を教(おし)えていただけますか。

～ていただく는 '(내가 남에게) ～해 받다'라는 표현으로, '(남이) ～해 주시다'로 해석할 수 있습니다.

528

カウンター席(せき)とテーブル席(せき)がございますが。

자리를 안내하기 전에 선호하는 좌석을 묻는 것이 일반적입니다.

529

テラス席(せき)でもよろしいでしょうか。

よろしいですか는 いいですか의 정중한 표현이며,
이를 더 정중하게 표현한 것이 よろしいでしょうか입니다.

530

個室(こしつ)のご用意(ようい)がございます。

벽 등으로 완전히 분리된 곳은 個室(こしつ), 커튼 등으로 구분되어 있는 곳은 半個室(はんこしつ)라고 합니다.

531~535.mp3

531

금연 여부를 확인할 때

담배는 피우십니까?

단어 힌트 タバコ 담배 | 吸(す)う 피우다

532

금연석으로 안내할 때

금연석으로 안내해 드리겠습니다.

단어 힌트 禁煙席(きんえんせき) 금연석 | 案内(あんない) 안내

533

메뉴를 가지러 갈 때

지금 메뉴를 가지고 오겠습니다.

단어 힌트 只今(ただいま) 곧, 지금 바로 | メニュー 메뉴

534

터치 패널로 주문을 부탁할 때

주문은 패널로 부탁드립니다.

단어 힌트 注文(ちゅうもん) 주문 | パネル 패널

535

메뉴가 결정되었는지 물을 때

메뉴는 결정되셨습니까?

단어 힌트 決(き)まる 정해지다, 결정되다

531

おタバコはお吸(す)いになりますか。

「お + ます형 + になる」는 '(남이) ~하시다'라는 뜻의 존경 표현입니다.

532

禁煙席(きんえんせき)にご案内(あんない)いたします。

'금연석'은 禁煙席(きんえんせき), '흡연석'은 喫煙席(きつえんせき)입니다.

533

只今(ただいま)メニューをお持(も)ちします。

「お + 동사의 ます형 + する」는 '(내가) ~하다'라는 뜻으로,
나를 낮춰 상대를 높이는 겸양 표현입니다.

534

ご注文(ちゅうもん)はパネルでお願(ねが)いいたします。

메뉴판이 아닌 터치 패널 등으로 주문하는 식당도 많이 있습니다.

535

メニューはお決(き)まりになりましたか。

「お + ます형 + になる」는 '(남이) ~하시다'라는 뜻의 존경 표현입니다.

536~540.mp3

536

코스 메뉴를 안내할 때

코스는 사전 예약제입니다.

단어 힌트 コース 코스 | 事前(じぜん) 사전 | 予約制(よやくせい) 예약제

537

음료 주문을 받을 때

음료는 무엇으로 하시겠습니까?

단어 힌트 飲(の)み物(もの) 음료 | なさる 하다(する)의 존경어

538

주문 내용을 확인할 때

주문 확인하겠습니다.

단어 힌트 注文(ちゅうもん) 주문 | 確認(かくにん) 확인

539

추가 주문이 없는지 확인할 때

이상으로 괜찮으십니까?

단어 힌트 以上(いじょう) 이상

540

음식을 서빙할 때

오래 기다리셨습니다.
오늘의 정식입니다.

단어 힌트 待(ま)たせる 기다리게 하다 | 日替(ひが)わり定食(ていしょく) 매일 바뀌는 정식 메뉴

내가 생각한 문장과 비교해 보고
네이티브 표현을 그대로 흡수해 보세요!

536

コースは事前予約制になります。

~になる 또는 ~となる는 타인 또는 자연적으로 그렇게 결정된 것에 대해 말할 때 사용합니다.

537

お飲み物は何になさいますか。

何にしますか (무엇으로 하겠습니까?)를 する의 존경어 なさる를 사용하여 何になさいますか (무엇으로 하시겠습니까?)라는 더욱 정중한 표현이 되었습니다.

538

ご注文を確認させていただきます。

~させていただく는 させる(시키다)와 いただく(받다)의 두 가지 표현이 합쳐진 것으로, '(제가) ~하겠습니다'로 해석합니다.

539

以上でよろしいでしょうか。

추가로 주문할 것은 더 없는지 확인하는 질문입니다.

540

お待たせしました。
日替わり定食でございます。

日替わりメニュー는 '매일 바뀌는 메뉴'를 뜻합니다.

541~545.mp3

541

뜨거운 음식을 서빙할 때

뜨거우니 조심하십시오.

단어 힌트 熱(あつ)い 뜨겁다 | 気(き)を付(つ)ける 신경 쓰다, 조심하다

542

서빙 후에 인사할 때

편하게 드세요.

단어 힌트 ゆっくり 천천히, 느긋이

543

남은 음식도 포장할 수 있음을 알릴 때

못 드신 음식은 포장 가능합니다.

단어 힌트 料理(りょうり) 요리 | 持(も)ち帰(かえ)り (음식의) 포장

544

포장 여부를 확인할 때

포장으로 괜찮으십니까?

545

식사의 만족도를 물을 때

식사는 어떠셨습니까?

단어 힌트 食事(しょくじ) 식사

541

熱(あつ)いのでお気(き)を付(つ)けください。

「お + ます형 + ください」는 존경의 의뢰 표현입니다.

542

ごゆっくりどうぞ。

음식을 서빙한 후에 건네는 표현입니다.

543

食(た)べきれなかった料理(りょうり)は
お持(も)ち帰(かえ)りいただけます。

「동사의 ます형+きる」는 '완전히 ~하다, 마지막까지 ~하다'란 의미이며,
이를 가능형으로 표현하여 「동사의 ます형+きれる」가 된 형태입니다.

544

お持(も)ち帰(かえ)りでよろしいでしょうか。

'포장'은 お持(も)ち帰(かえ)り 또는 テイクアウト로 표현합니다.

545

お食事(しょくじ)はいかがでしたか。

주로 식사가 끝난 후, 결제하기 전에 묻는 표현입니다.

546~550.mp3

546

결제 방식을 물을 때

결제는 같이 하시겠습니까?

단어 힌트 支払(しはら)い 결제, 지불 | 一緒(いっしょ) 함께 함, 같이 함

547

현금을 받았을 때

5만 엔 받았습니다.

단어 힌트 預(あず)かる 맡다, 보관하다

548

신용카드로 요청 받았을 때

신용카드로, 알겠습니다.

단어 힌트 クレジット(カード) 신용카드

549

영수증을 건넬 때

영수증입니다.

단어 힌트 レシート 영수증

550

영수증 이름을 확인할 때

영수증의 수신인명은 어떻게 하시겠습니까?

단어 힌트 領収書(りょうしゅうしょ) 영수증 | 宛名(あてな) 수신인명(받는 사람 이름)

546 □□□

お支払(しはら)いはご一緒(いっしょ)ですか。

お支払(しはら)いは別々(べつべつ)になさいますか(결제는 따로따로 하시겠습니까?)로 질문할 수도 있습니다.

547 □□□

50,000(ごまん)円(えん)お預(あず)かりいたします。

현금 결제의 경우, 받은 금액을 다시 한 번 말하는 것이 좋습니다.

548 □□□

クレジットで、かしこまりました。

조사 で가 수단이나 방법으로 사용될 때는 '~(으)로'로 해석합니다.

549 □□□

レシートでございます。

~でございます는 ~です의 정중한 표현입니다.

550 □□□

領収書(りょうしゅうしょ)の宛名(あてな)は いかがなさいますか。

レシート는 일반적인 '영수증', 領収書(りょうしゅうしょ)는 주로 경비 처리를 위한 상세 내역이 적힌 '영수증'을 말합니다.

망각방지 장치 1

하루만 지나도 학습한 내용의 50%는 잊어버립니다. 여러분은 몇 퍼센트나 잊어버렸을까요?
25개 표현을 입으로 말해 보고 생각나지 않는 표현은 제시된 번호로 돌아가 다시 확인해 보세요!

			○	✕	복습
01	어서 오세요.	＿＿＿。	☐	☐	501
02	거리를 두고 줄 서 주세요.	距離(きょり)を空(あ)けてお＿＿＿ください。	☐	☐	504
03	마스크 착용을 부탁드리고 있습니다.	マスク＿＿＿をお願(ねが)いしております。	☐	☐	505
04	체온 측정에 협조 부탁드립니다.	検温(けんおん)へのご＿＿＿をお願(ねが)いします。	☐	☐	506
05	예약은 하셨는지요?	ご予約(よやく)は＿＿＿でしょうか。	☐	☐	507
06	안내하겠습니다.	ご＿＿＿いたします。	☐	☐	509
07	이쪽으로 오십시오.	＿＿＿へどうぞ。	☐	☐	510
08	알겠습니다.	＿＿＿ました。	☐	☐	512
09	잠시만 기다려 주십시오.	＿＿＿お待(ま)ちください。	☐	☐	513
10	오래 기다리셨습니다.	お＿＿＿いたしました。	☐	☐	515
11	재방문을 기다리고 있겠습니다.	またの＿＿＿お待(ま)ちしております。	☐	☐	519
12	주차권은 가지고 계십니까?	駐車券(ちゅうしゃけん)はお＿＿＿でしょうか。	☐	☐	520
13	괜찮으시다면….	＿＿＿なければ…。	☐	☐	523

정답 01 いらっしゃいませ 02 並(なら)び 03 着用(ちゃくよう) 04 協力(きょうりょく) 05 いただいております 06 案内(あんない) 07 こちら 08 わかり 09 少々(しょうしょう) 10 待(ま)たせ 11 お越(こ)し 12 持(も)ち 13 差(さ)し支(つか)え

			○	✕	복습
14	그렇습니까?	＿＿＿でございますか。	☐	☐	524
15	몇 분이십니까?	＿＿＿ですか。	☐	☐	526
16	카운터 석과 테이블 석이 있습니다만.	カウンター＿＿＿とテーブル＿＿＿がございますが。	☐	☐	528
17	개별실도 준비되어 있습니다.	＿＿＿のご用意(ようい)がございます。	☐	☐	530
18	담배는 피우십니까?	おタバコはお＿＿＿になりますか。	☐	☐	531
19	메뉴는 결정되셨습니까?	メニューはお＿＿＿になりましたか。	☐	☐	535
20	뜨거우니 조심하십시오.	熱(あつ)いので＿＿＿ください。	☐	☐	541
21	편하게 드세요.	＿＿＿どうぞ。	☐	☐	542
22	못 드신 음식은 포장 가능합니다.	食(た)べきれなかった料理(りょうり)は＿＿＿いただけます。	☐	☐	543
23	결제는 같이 하시겠습니까?	お支払(しはら)いは＿＿＿ですか。	☐	☐	546
24	5만 엔 받았습니다.	50,000円(ごまんえん)＿＿＿いたします。	☐	☐	547
25	영수증의 수신인명은 어떻게 하시겠습니까?	領収書(りょうしゅうしょ)の＿＿＿はいかがなさいますか。	☐	☐	550

맞은 개수: 25개 중 ＿＿＿ 개

당신은 그동안 ＿＿＿%를 잊어버렸습니다.
틀린 문장들은 다시 한번 보고 넘어가세요.

정답

14 左様(さよう) 15 何名様(なんめいさま) 16 席(せき)/席(せき) 17 個室(こしつ) 18 吸(す)い 19 決(き)まり 20 お気(き)を付(つ)け 21 ごゆっくり
22 お持(も)ち帰(かえ)り 23 ご一緒(いっしょ) 24 お預(あず)かり 25 宛名(あてな)

551~555.mp3

551

찾는 물건이 있는지 물을 때

찾으시는 물건 있으십니까?

단어 힌트 探(さが)す 찾다

552

손님이 찾는 물건을 재확인할 때

파스 말씀이시군요.

단어 힌트 シップ 파스

553

상품을 제안할 때

이것은 어떠십니까?

단어 힌트 こちら 이것(これ)의 정중한 표현

554

인기 있는 상품을 추천할 때

대단히 인기 있는 상품입니다.

단어 힌트 大変(たいへん) 몹시, 대단히 | 人気(にんき) 인기

555

취급하지 않는 상품일 때

취급 품목이 아닙니다.

단어 힌트 取(と)り扱(あつか)い 취급(품)

내가 생각한 문장과 비교해 보고
네이티브 표현을 그대로 흡수해 보세요!

551

何(なに)かお探(さが)しでしょうか。

「お + 동사의 ます형」으로 동사를 명사화할 수 있습니다.

552

シップでございますね。

종조사 ね는 확인을 하거나 상대의 동의를 구하는 뜻을 나타냅니다.

553

こちらはいかがでしょうか。

손님에게 상품을 제안할 때 건네는 질문입니다.

554

大変(たいへん)人気(にんき)でございます。

～でございます는 ～です의 정중한 표현입니다.

555

お取(と)り扱(あつか)いがございません。

取(と)り扱(あつか)い는 '취급하다'란 뜻의 동사 取(と)り扱(あつか)う를 명사화한 것으로 '취급 상품'을 뜻합니다.

556

품절인 상품일 때

품절입니다.

단어 힌트 売(う)り切(き)れる 품절되다

557

다른 매장에 상품이 있는지 확인할 때

(다른 매장에서) 가져올 수 있는지 확인하겠습니다.

단어 힌트 取(と)り寄(よ)せる 끌어오다, 가져오다 | 確認(かくにん) 확인

558

편히 구경하라고 말할 때

천천히 둘러 보세요.

단어 힌트 ゆっくり 느긋이, 천천히

559

시착이 가능함을 알려줄 때

시착도 가능합니다.

단어 힌트 試着(しちゃく) 시착 | 可能(かのう) 가능

560

페이스 커버 사용을 부탁할 때

이 페이스 커버를 사용해 주세요.

단어 힌트 フェイスカバー 페이스 커버 | 使(つか)う 사용하다

556

売り切れでございます。

동사를 ます형으로 바꿈으로써 명사화할 수 있는 동사가 있습니다.

557

取り寄せできるか確認いたします。

재고가 부족하여 다른 지점에 있는 상품을 가져 오는 것을 取り寄せ라고 합니다.

558

ごゆっくりご覧ください。

ゆっくり를 정중하게 표현할 때는 お가 아닌 ご를 붙입니다.

559

ご試着も可能です。

試着를 フィッティング(fitting)로 표현하기도 합니다.

560

こちらのフェイスカバーを
お使いください。

「お + ます형 + ください」는 '~해 주십시오'란 뜻의 존경의 의뢰 표현입니다.

561~565.mp3

561

손님이 다른 매장을 둘러보고 오겠다고 한다면

기다리고 있겠습니다.

단어 힌트 待(ま)つ 기다리다

562

손님이 다시 방문했을 때

다녀오셨습니까?

단어 힌트 帰(かえ)る 돌아오(가)다

563

계산을 안내할 때

계산은 이쪽에서 도와드리겠습니다.

단어 힌트 お会計(かいけい) 대금 지불, 계산 | 承(うけたまわ)る 받다(受ける), 듣다(聞く), 맡다(引き受ける)의 겸양어

564

여권을 부탁할 때

여권을 부탁합니다.

단어 힌트 パスポート 여권

565

지불 형태를 확인할 때

일시불로 괜찮으십니까?

단어 힌트 一括払(いっかつばら)い 일괄 지불, 일시불

561

お待(ま)ちしております。

다른 매장을 둘러보러 가는 손님에게 하는 일반적인 인사말입니다.

562

お帰(かえ)りなさいませ。

다른 매장을 둘러본 후에 다시 매장을 방문한 손님에게 하는 표현이지만, 호불호가 갈리는 인사말입니다.

563

お会計(かいけい)はこちらで承(うけたまわ)ります。

이 예문에서 承(うけたまわ)る는 '(상대가 되어) 응대하다, 맡다, 떠맡다'란 뜻이 있는 引(ひ)き受(う)ける의 겸양어의 의미에 가장 가깝습니다.

564

パスポートをお願(ねが)いします。

면세 판매의 경우 여권 확인은 필수입니다.

565

一括払(いっかつばら)いでよろしいでしょうか。

'일시불'은 一括払(いっかつばら)い, '할부'는 分割払(ぶんかつばら)い라고 합니다.

566~570.mp3

566

지불 형태를 재확인할 때

3개월 할부이군요.

단어 힌트 分割払(ぶんかつばら)い 할부 지불, 할부

567

잔돈을 거슬러 줄 때

거스름돈 200엔입니다.

단어 힌트 お返(かえ)し 거스름돈

568

반품, 교환 대응을 할 때

영수증은 가지고 계십니까?

단어 힌트 レシート 영수증 | 持(も)つ 가지다, 들다

569

반품이 불가한 상황일 때

반품은 받지 않습니다.

단어 힌트 返品(へんぴん) 반품 | 受(う)ける 받다

570

손님을 배웅할 때

재방문을 기다리고 있겠습니다.

단어 힌트 来店(らいてん) 내점, 가게에 옴 | 待(ま)つ 기다리다

566

3ヶ月の分割払いですね。

금액이 큰 경우, 결제 전에 결제 방법을 재확인하는 것이 좋습니다.

567

200円のお返しでございます。

お返し는 동사 返す(되돌려주다)가 명사화된 것입니다.

568

レシートはお持ちでしょうか。

반품, 교환의 경우 영수증 확인은 필수입니다.

569

返品はお受けいたしかねます。

「동사의 ます형+かねる」는 '~할 수 없다, ~하기 힘들다'라는 뜻입니다.

570

またのご来店、
お待ちしております。

단순히 '감사합니다(ありがとうございます)'로 인사하는 것보다 정중한 느낌을 줍니다.

571~575.mp3

571

보험증을 요구할 때

보험증은 갖고 계신가요?

단어 힌트 保険証(ほけんしょう) 보험증 | 持(も)つ 가지다, 들다

572

문진표 작성을 요구할 때

문진표를 작성해 주세요.

단어 힌트 問診票(もんしんひょう) 문진표 | 記入(きにゅう) 기입

573

약 수첩을 요구할 때

약 수첩은 갖고 계신가요?

단어 힌트 薬手帳(くすりてちょう) 약 수첩

574

환자를 진찰실로 부를 때

사토 님, 1번 진찰실로 오십시오.

단어 힌트 1番(いちばん) 1번 | 診察室(しんさつしつ) 진찰실

575

환자의 내원 이유를 물을 때

오늘은 어쩐 일이십니까?

단어 힌트 今日(きょう) 오늘

내가 생각한 문장과 비교해 보고
네이티브 표현을 그대로 흡수해 보세요!

571

保険証はお持ちでしょうか。

일본은 한국과 다르게 초진인 경우 보험증이 필요하며,
재진인 경우에도 상황에 따라 보험증이 필요할 수도 있습니다.

572

問診票にご記入ください。

병원 방문 시 개인 정보와 증상을 기입하는 문진표를 작성합니다.

573

お薬手帳はお持ちでしょうか。

약 수첩은 처방 받은 약의 정보를 기록한 수첩인데,
요즘에는 휴대폰 앱으로도 확인할 수 있습니다.

574

佐藤様、1番診察室へどうぞ。

どうぞ 대신에 お越しください(와 주십시오)로 표현할 수도 있습니다.

575

今日はどうされましたか。

'오늘'을 뜻하는 단어에는 本日도 있으며, 양쪽 모두 일상적으로 많이 사용됩니다.
される는 する의 수동형 동사이며, 수동형 동사로 존경 표현을 만들 수 있습니다.

576~580.mp3

576

통증의 원인을 물을 때

어떤 통증이신가요?

단어 힌트 痛(いた)み 통증

577

증상의 기간을 물을 때

증상은 언제부터입니까?

단어 힌트 症状(しょうじょう) 증상

578

알레르기의 유무를 물을 때

알레르기는 없으십니까?

단어 힌트 アレルギー 알레르기

579

환자를 진찰 침대로 안내할 때

이쪽에 누워 주세요.

단어 힌트 横(よこ)になる 눕다

580

환자가 병원을 나설 때

몸조리 잘하세요.

단어 힌트 お大事(だいじ)に 상대의 건강을 기원하는 인사말

576

どのような痛(いた)みですか。

い형용사는 어미 い를 み 또는 さ로 바꿔서 명사화할 수 있습니다.

577

症状(しょうじょう)はいつからですか。

일반적인 증상으로는 蕁麻疹(じんましん)(두드러기), 吐(は)き気(け)(구역질), 咳(せき)(기침), くしゃみ(재채기), 胃(い)もたれ(체함, 더부룩함) 등이 있습니다.

578

アレルギーはございませんか。

あります의 정중한 표현은 ございます입니다.

579

こちらで横(よこ)になってください。

포괄적인 의미의 '눕다'는 横(よこ)になる, '엎드리다'는 うつ伏(ぶ)せになる, '위를 보고 눕다'는 仰向(あおむ)けになる라고 합니다.

580

お大事(だいじ)にどうぞ。

병원이나 약국에서는 ありがとうございます 대신 お大事(だいじ)にどうぞ를 많이 사용합니다.

581~585.mp3

581

재류 카드의 제시를 부탁할 때

재류 카드를 부탁합니다.

단어 힌트 在留(ざいりゅう)カード 재류 카드

582

선호하는 좌석을 물을 때

창가와 통로측 중 어느 쪽으로 하시겠습니까?

단어 힌트 窓側(まどがわ) 창가 | 通路側(つうろがわ) 통로측

583

고객이 선호하는 좌석이 없음을 알릴 때

가운데 좌석밖에 비어 있지 않습니다.

단어 힌트 真(ま)ん中(なか) 가운데 | 座席(ざせき) 좌석

584

비상구 좌석을 제안할 때

비상구 좌석으로 괜찮으십니까?

단어 힌트 非常口(ひじょうぐち) 비상구

585

수하물 유무를 물을 때

짐을 맡기시겠습니까?

단어 힌트 手荷物(てにもつ) 수화물, 짐 | 預(あず)かる 맡다, 보관하다

581

在留カードをお願いいたします。

일본 거주자의 경우에는 여권과 함께 재류 카드를 확인합니다.

582

窓側と通路側のどちらにいたしましょうか。

이 외에도 前方座席(전방 좌석)와 後方座席(후방 좌석)의 선호를 묻기도 합니다.

583

真ん中の座席しか空きがございません。

'비다'란 뜻의 空く는 시공간 모두에 사용할 수 있습니다.

584

非常口座席でよろしいでしょうか。

비상구 좌석은 승객의 동의를 얻어 좌석을 배정하는 것이 일반적입니다.

585

手荷物をお預かりいたしましょうか。

겸양 표현인 「お + ます형+する」의 형태에 する의 겸양어 いたす를 사용하여 더욱 정중하게 표현한 형태입니다.

586~590.mp3

586

위험물 포함 여부를 물을 때

안에 위험물 등은 없으십니까?

단어 힌트 中(なか) 안 | 危険物(きけんぶつ) 위험물

587

짐을 컨베이어 벨트에 올려 놓아야 할 때

짐은 이쪽으로 부탁합니다.

단어 힌트 荷物(にもつ) 짐

588

추가 요금에 대해 안내할 때

15kg 이상은 추가 요금이 발생합니다.

단어 힌트 以上(いじょう) 이상 | 追加(ついか) 추가 | 費用(ひよう) 비용 | 発生(はっせい) 발생

589

탑승 시간을 고지할 때

20분 전까지 탑승해 주세요.

단어 힌트 搭乗(とうじょう) 탑승

590

탑승 게이트를 안내할 때

1번 게이트로 와 주세요.

단어 힌트 ゲート 게이트 | お越(こ)し 오심

내가 생각한 문장과 비교해 보고
네이티브 표현을 그대로 흡수해 보세요!

586 □□□

中に危険物などはございませんか。

위험물 외에도 貴重品(귀중품)이나 壊れやすい物(깨지기 쉬운 물건)가 있는지 확인합니다.

587 □□□

お荷物はこちらへお願いします。

손님이 직접 컨베이어 벨트 위에 짐을 올려 놓아야 하는 경우에 사용하는 표현입니다.

588 □□□

15キロ以上は追加費用が発生します。

費用が発生する 대신에 費用がかかる(비용이 들다)로 표현할 수도 있습니다.

589 □□□

20分前までにご搭乗ください。

한자어 搭乗(탑승) 외에 동사 乗る(타다)를 사용하여 お乗りください로도 표현할 수 있습니다.

590 □□□

1番ゲートまでお越しください。

お越しくださいは 来てくださいは보다 정중한 표현입니다.

591~595.mp3

591

투숙 인원수를 물을 때

몇 분이서 이용하시나요?

단어 힌트 何名様(なんめいさま) 몇 분 | 利用(りよう) 이용

592

선호 객실 타입을 물을 때

원하시는 방은 있으신가요?

단어 힌트 希望(きぼう) 희망 | 部屋(へや) 방

593

체크인 시간을 고지할 때

체크인은 15시부터 가능합니다.

단어 힌트 チェックイン 체크인 | 可能(かのう) 가능

594

식사 옵션을 체크할 때

조식 포함으로 틀림없을까요?

단어 힌트 朝食付(ちょうしょくつ)き 조식 포함 | 間違(まちが)い 틀림, 잘못

595

숙박 일수를 재확인할 때

금일부터 3박이시군요.

단어 힌트 本日(ほんじつ) 금일 | 3泊(さんぱく) 3박

591 □□□

何名様のご利用でしょうか。

사전 인터넷 예약이 아닌 방문 예약의 경우 인원수 체크는 필수입니다.

592 □□□

ご希望のお部屋はございますか。

트윈룸(ツインルーム), 더블 배드(ダブルベッド) 등의 객실 형태를 묻는 질문입니다.

593 □□□

チェックインは15時から可能です。

'체크아웃'은 チェックアウト입니다.

594 □□□

朝食付きで間違いないでしょうか。

付きは 付く(붙다, 따르다)가 명사화된 형태입니다.

595 □□□

本日から3泊でいらっしゃいますね。

'1박 2일'은 一泊二日, '2박 3일'은 二泊三日라고 합니다.

596~600.mp3

596

객실을 안내할 때

방은 707호실입니다.

단어 힌트 部屋(へや) 방 | 号室(ごうしつ) 호실

597

사우나 이용 여부를 물을 때

사우나는 이용하십니까?

단어 힌트 サウナ 사우나 | 利用(りよう) 이용

598

흡연 객실이 없음을 알릴 때

전실 금연이므로 이해 부탁드립니다.

단어 힌트 全室(ぜんしつ) 전(객)실 | 禁煙(きんえん) 금연

599

세탁실 위치를 안내할 때

세탁실은 오른쪽에 있습니다.

단어 힌트 ランドリールーム 세탁실 | 右手(みぎて) 오른편, 오른쪽

600

편히 질문하라고 전할 때

무슨 일이 있으시면 말씀해 주세요.

단어 힌트 声(こえ)を掛(か)ける 말을 걸다, 부르다

596

お部屋は707号室でございます。

객실 번호의 0은 まる로 읽기도 합니다.
'707호'는 ななひゃくなな号室와 ななまるなな号室의 두가지 방법으로 읽을 수 있습니다.

597

サウナはご利用になりますか。

ご利用できます로 오용하는 경우도 많은데,
이 경우는 존경 표현이 아닌 겸양 표현이 되므로 주의가 필요합니다.

598

全室禁煙ですので、
ご了承ください。

요즘은 흡연 객실이 많이 줄어들고 있는 추세입니다.

599

ランドリールームは右手に
ございます。

右手는 '오른손'이라는 뜻이지만, '오른쪽, 오른편'을 뜻하기도 합니다.

600

何かあればお声掛けください。

조금 더 정중하게 하려면 あれば를 ございましたら로 표현하는 것도 좋습니다.

망각방지 장치 1

하루만 지나도 학습한 내용의 50%는 잊어버립니다. 여러분은 몇 퍼센트나 잊어버렸을까요?
25개 표현을 입으로 말해 보고 생각나지 않는 표현은 제시된 번호로 돌아가 다시 확인해 보세요!

			○	×	복습
01	찾으시는 물건 있으십니까?	何(なに)か ＿＿＿ でしょうか。	□	□	551
02	파스 말씀이시군요.	＿＿＿ でございますね。	□	□	552
03	취급 품목이 아닙니다.	＿＿＿ がございません。	□	□	555
04	품절입니다.	＿＿＿ でございます。	□	□	556
05	(다른 매장에서) 가져올 수 있는지 확인하겠습니다.	＿＿＿ できるか確認(かくにん)いたします。	□	□	557
06	시착도 가능합니다.	ご ＿＿＿ も可能(かのう)です。	□	□	559
07	기다리고 있겠습니다.	お ＿＿＿ しております。	□	□	561
08	계산은 이쪽에서 도와드리겠습니다.	お会計(かいけい)はこちらで ＿＿＿ ます。	□	□	563
09	일시불로 괜찮으십니까?	＿＿＿ でよろしいでしょうか。	□	□	565
10	3개월 할부이군요.	3ヶ月(さんかげつ)の ＿＿＿ ですね。	□	□	566
11	거스름돈 200엔입니다.	200円(にひゃくえん)の ＿＿＿ でございます。	□	□	567
12	반품은 받지 않습니다.	返品(へんぴん)はお受(う)けいたし ＿＿＿ 。	□	□	569
13	재방문을 기다리고 있겠습니다.	またのご ＿＿＿ 、お待(ま)ちしております。	□	□	570

정답 01 お探(さが)し 02 シップ 03 お取(と)り扱(あつか)い 04 売(う)り切(き)れ 05 取(と)り寄(よ)せ 06 試着(しちゃく) 07 待(ま)ち 08 承(うけたまわ)り 09 一括払(いっかつばら)い 10 分割払(ぶんかつばら)い 11 お返(かえ)し 12 かねます 13 来店(らいてん)

			○	×	복습
14	보험증은 갖고 계신가요?	＿＿＿はお持(も)ちでしょうか。	☐	☐	571
15	문진표를 작성해 주세요.	問診票(もんしんひょう)にご＿＿＿ください。	☐	☐	572
16	약 수첩은 갖고 계신가요?	＿＿＿はお持(も)ちでしょうか。	☐	☐	573
17	어떤 통증이신가요?	どのような＿＿＿ですか。	☐	☐	576
18	이쪽에 누워 주세요.	こちらで＿＿＿ください。	☐	☐	579
19	재류 카드를 부탁합니다.	＿＿＿をお願(ねが)いいたします。	☐	☐	581
20	가운데 좌석밖에 비어 있지 않습니다.	＿＿＿の座席(ざせき)しか空(あ)きがございません。	☐	☐	583
21	짐을 맡기시겠습니까?	手荷物(てにもつ)をお＿＿＿いたしましょうか。	☐	☐	585
22	안에 위험물 등은 없으십니까?	中(なか)に＿＿＿などはございませんか。	☐	☐	586
23	조식 포함으로 틀림없을까요?	朝食(ちょうしょく)＿＿＿で間違(まちが)いないでしょうか。	☐	☐	594
24	전실 금연이므로 이해 부탁드립니다.	全室禁煙(ぜんしつきんえん)ですので、ご＿＿＿ください。	☐	☐	598
25	세탁실은 오른쪽에 있습니다.	ランドリールームは＿＿＿にございます。	☐	☐	599

맞은 개수: 25개 중 ＿＿＿ 개

당신은 그동안 ＿＿＿%를 잊어버렸습니다.
틀린 문장들은 다시 한번 보고 넘어가세요.

정답 14 保険証(ほけんしょう) 15 記入(きにゅう) 16 お薬手帳(くすりてちょう) 17 痛(いた)み 18 横(よこ)になって 19 在留(ざいりゅう)カード 20 真(ま)ん中(なか) 21 預(あず)かり 22 危険物(きけんぶつ) 23 付(つ)き 24 了承(りょうしょう) 25 右手(みぎて)

망각방지 장치 2

일주일이 지나면 학습한 내용의 70%를 잊어버립니다.
여러분은 몇 퍼센트나 기억하고 있을까요? 대화문으로 확인해 보세요.

051 손님에게 체온 측정을 요구할 때

kaiwa 051.mp3

A 어서 오세요. 501 몇 분이십니까? 526

B 二人(ふたり)です。

A 2名様(にめいさま)ですね、かしこまりました。
まず 체온 측정에 협조 부탁드립니다. 506

단어 2名様(にめいさま) 두 분

052 기다려 준 손님을 안내할 때

kaiwa 052.mp3

A 鈴木様(すずきさま)、오래 기다리셨습니다. 515
個室(こしつ)に 안내하겠습니다. 509
メニューをお持(も)ちしますので、少々(しょうしょう)お待(ま)ちください。

B お願(ねが)いします。

단어 個室(こしつ) 개별실

051

A　いらっしゃいませ。501 何名様(なんめいさま)ですか。526

B　두 명입니다.

A　두 분이시군요, 알겠습니다.
우선 検温(けんおん)へのご協力(きょうりょく)をお願(ねが)いします。506

052

A　스즈키 님, お待(ま)たせいたしました。515
개별실로 ご案内(あんない)いたします。509
메뉴를 가져올테니, 잠시만 기다려 주세요.

B　부탁합니다.

053 코스 메뉴의 제공이 어려움을 안내할 때

kaiwa 053.mp3

A 메뉴는 결정되셨습니까? 535

B ランチのB(ビー)コースでお願(ねが)いします。

A 恐(おそ)れ入(い)りますが、코스는 사전 예약제입니다. 536

B では、海鮮丼(かいせんどん)二(ふた)つお願(ねが)いします。

단어 海鮮丼(かいせんどん) 해물덮밥

054 시착을 권유할 때

kaiwa 054.mp3

A すみません、これのM(エム)サイズありますか。

B はい、すぐお持(も)ちします。
こちらは 시착도 가능합니다. 559
ご試着(しちゃく)の際(さい)は 이 페이스 커버를 사용해 주세요. 560

단어 ～際(さい) ~때

053

A　メニューはお決まりになりましたか。535

B　런치 B코스로 부탁합니다.

A　죄송합니다만, コースは事前予約制になります。536

B　그럼, 해물덮밥 두 개 주세요.

054

A　실례합니다, 이거 M 사이즈 있나요?

B　네, 바로 가져 오겠습니다.
이쪽은 ご試着も可能です。559
시착하실 때는 こちらのフェイスカバーを
お使いください。560

055 결제 방법을 확인할 때

kaiwa 055.mp3

A 식사는 어떠셨습니까? 545

B 美味(おい)しかったです。

A お口(くち)に合(あ)ったようで何(なに)よりです。
결제는 같이 하시겠습니까? 546

B 別々(べつべつ)でお願(ねが)いします。

단어 口(くち)に合(あ)う 입맛에 맞다

056 환자를 안내한 후, 증상을 물을 때

kaiwa 056.mp3

A 사토 님, 1번 진찰실로 오십시오. 574

B 오늘은 어쩐 일이십니까? 575

C 割(わ)れるように頭(あたま)が痛(いた)いんです。

B 症状(しょうじょう)はいつからですか。

단어 割(わ)れる 깨지다 | 症状(しょうじょう) 증상

055

A お食事はいかがでしたか。545

B 맛있었어요.

A 입맛에 맞으셨다니 다행입니다.
お支払いはご一緒ですか。546

B 따로따로 부탁합니다.

056

A 佐藤様、1番診察室へどうぞ。574

B 本日はどうされましたか。575

C 깨질 것처럼 머리가 아파요.

B 증상은 언제부터입니까?

057 공항 체크인 시, 선호 좌석을 물을 때 　kaiwa 057.mp3

A　こんにちは。
여권とチケット을 부탁합니다. 564
ANA703便(エーエヌエーななひゃくさんびん)、ソウル行(ゆ)きですね。
座席(ざせき)は 창가와 통로측 중 어느 쪽으로 하시겠습니까? 582

A　窓側(まどがわ)でお願(ねが)いします。

B　かしこまりました。

단어 ～便(びん) ~편 | ～行(ゆ/い)き ~행

058 호텔 객실 타입을 확인할 때 　kaiwa 058.mp3

A　こんにちは。今日(きょう)から2泊(にはく)で予約(よやく)した金(キム)ですが。

B　金様(キムさま)ですね。禁煙(きんえん)のツインルーム、
조식 포함으로 틀림없을까요? 594

A　はい、間違(まちが)いないです。

B　お部屋(へや)は1308号室(せんさんびゃくはちごうしつ)でございます。
では、무슨 일이 있으시면 말씀해 주세요. 600

단어 禁煙(きんえん) 금연 | お部屋(へや) 방

057

A　안녕하세요.
パスポート과 티켓 をお願(ねが)いいたします。564
ANA 703편, 서울행이네요.
좌석은 窓側(まどがわ)と通路側(つうろがわ)のどちらにいたしましょうか。582

B　창가로 부탁합니다.

A　알겠습니다.

058

A　안녕하세요. 오늘부터 2박 예약한 김인데요.

B　김 님이시군요. 금연 트윈 룸,
朝食付(ちょうしょくつ)きで間違(まちが)いないでしょうか。594

A　네, 틀림없습니다.

B　방은 1308호실입니다.
그럼, 何(なに)かあればお声(こえ)掛(が)けください。600

059 호텔 부대 시설을 안내할 때

kaiwa 059.mp3

A　すみません。

B　네, 무엇을 도와드릴까요? 511

A　ランドリールームはどこですか。

B　세탁실은 こちらをまっすぐ進(すす)んでいただいて、
오른쪽에 있습니다. 599

단어 進(すす)む 전진하다

060 결제 방식을 확인할 때

kaiwa 060.mp3

A　お会計(かいけい)お願(ねが)いします。

B　はい、계산은 이쪽에서 도와드리겠습니다. 563

A　お支払(しはら)いはクレジットカードでお願(ねが)いします。

B　かしこまりました。お会計(かいけい)3万円(さんまんえん)になりますが、
일시불로 괜찮으십니까? 565

단어 クレジットカード 신용카드 | お会計(かいけい) 대금 지불, 계산

059

A 저기요.

B はい、いかがなさいましたか。511

A 세탁실은 어디인가요?

B ランドリールームは 이쪽으로 쭉 가셔서
右手(みぎて)にございます。599

060

A 계산 부탁합니다.

B 네, お会計(かいけい)はこちらで承(うけたまわ)ります。563

A 계산은 신용카드로 부탁합니다.

B 알겠습니다. 금액은 3만 엔입니다만,
一括払(いっかつばら)いでよろしいでしょうか。565

찾아보기

ㄷ

ㅁ

ㅂ

ㅅ

ㅇ

ㅈ